여성정치의 정석

- **할당**을 넘어 **동수정치**로

여성정치의 정석

- 할당을 넘어 동수정치로

박인숙 지음

도서출판
다인아트

꿈꾸는 아이, 박인숙

외삼촌과 함께
(1971년)

서울 마포신석초등학교 5학년 시절
동생들과 함께(1975년)

동구여상 시절,
실습시간에 친구들과 함께
(1982년)

모든 것을 할 수 있다고 생각한 스무살 청춘

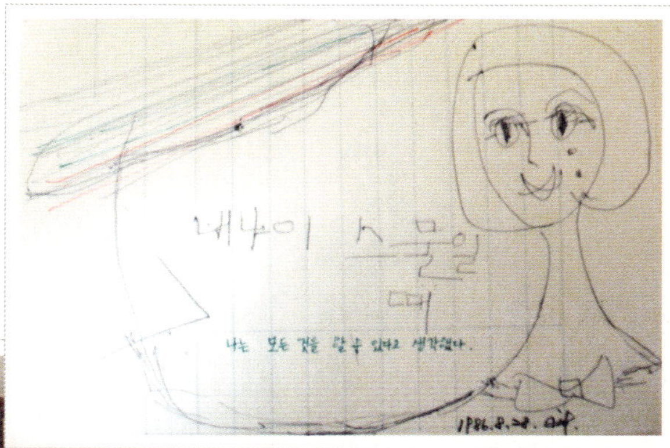

연세대학교 어학당에서 일할 당시 박인숙.
서울에서 4년간 사무직 노동자 생활
(1985년)

87년 노동자 대투쟁부터 민주노총 건설까지 18년간 노동운동

인천 부평공단 태연물산에서 노동운동 시절 '인숙이' 모임 (1987년)

1987년 노동자대투쟁. 인천 여성사업장 최초 민주노조 위원장 박인숙, 18년간 노동운동 매진하며 전노협, 민주노총 시대를 열다. (1987년)

세상을 바꾸는 진보정치,
국회의원 3번, 지방선거 1번 지역구도전

호주제 폐지 이후 대체법안 마련을 촉구하는 박인숙 민주노동당 여성 담당 최고위원 (2007년)

민주노동당
인천 계양을 국회의원 후보로
첫 출마 (2008년)

진보정의당 창당 대회
부의장, 최고위원으로 박인숙
(2013년)

유치원에서 고등학교까지 친환경무상급식, GMO표시제 등 지속가능한 먹거리를 위하여

유치원부터 고등학교까지 무상급식을 이끌어 낸 박인숙 (2015년)

GMO없는 안전한 먹거리 운동가 박인숙, 22만 국민청원 기자회견 (2018년)

중학교 무상급식 촉구 단식농성, 행정부시장과 합의 (2017년)

다섯 평 텃밭지기, 전통 장 담기, 생활협동조합 활동으로
일상 속 생태 실천가 박인숙

여성정치인, 박인숙
노동, 여성, 평화를 위한 한걸음, 한걸음

인천에서 가장 높은 심상정 지지율을
이끌어 낸 정의당 계양을 지역위원장
박인숙(2016년)

미투에 응답하는 위드유, 정의당 여성위원장 박인숙(2018년)

일회용 생리대 환경부 건강영향평가를 이끌어 낸 박인숙 (2018년)

낙태죄 폐지
안전한 재생산권을 촉구하는
박인숙 (2019년)

정당 최초 성평등 의무교육과
지역구 여성할당제
30% 이상 제도 이끌어 낸,
박인숙

서울퀴어축제 20주년 퍼레이드에서 성소수자 인권보장 촉구, 박인숙
(2019년)

평화는 밥이다

평화철도 행사장에서
권영길, 최순영 전 의원과 함께
(2019년)

남북여성대회 참가 남북여성대표들과 함께 (2005년)

차 례

추천의 글

이 책은 선출직 정치인의 남녀 비율을 평등화하는 것의 가치를 말하고 있다. 저자 박인숙은 남녀 동수 민주주의의 가치를 굴곡 많았던 진보정당의 역사 속에서 지치지 않고 말과 행동으로 지켜왔다. 어느 나라든 여성 국회의원의 비율이 높을수록 민주주의의 사회적 성취가 더 컸다는 점에서, 이 책이 던지는 메시지는 한국 민주주의의 미래를 가리키는 좌표가 아닐 수 없다.

박상훈 정치발전소 학교장

때로는 내용보다 태도가 더 많은 것을 말해준다. 성공회대 NGO대학원 실천여성학과 〈젠더와 정치〉 수업에서 저자를 처음 만났다. 강의 인생에서 손꼽히는 '특별했던' 수업으로 기억한다. 이 수업을 듣는 수강생들은 20대에서 50대까지 있었고, 단체 대표와 상근자, 대학을 졸업하고 바로 대학원에 진학한 사람, 정당 최고위원에 이르기까지 다양하기 그지없었다. 아무도 서로의 경험과 이력을 내세워 다른 사람을 이기려 들지 않았고 각자 선 자리에서 하는 고민들을 이야기하며 깊이 토론했던 시간이다. 나는 수업이 끝난 다음에서야 박인숙이 얼마나 '굉장한' 이력을 가진 사람인지 알았다. 그가 수업 내내 얼마나 성실하고 겸손하면서도 품위 있었는지, 그리고 무엇보다도 얼마나 '여성정치'라는 의제에 진심이었는지를 잘 알고 있다. 이 책은 그가 이에 더해 지적으로도 성실하고자 했다는 또 하나의 증거다. 이 책은 우리에게 왜 공정을 넘어선 평등의 정치가 필요한지, 여성의 정치참여가 왜 민주주의의 가장 중요한 척도인지를 알려준다.

권김현영 여성주의 연구활동가, <다시는 그전으로 돌아가지 않을 것이다> 저자

OECD에 가입한 이후 여러모로 각종 통계의 바닥이 되어주고 있는 대한민국이지만, 의사결정에서의 여성 대표성은 성별 임금 격차와 함께 대표적으로 낮은 순위를 기록 중이다. 여전히 여자를 뽑지 않기 위해 채용시험 점수를 조작하는 일이 벌어지고, 500대 기업의 여성 임원 비율이 3%에 머무는 실정에서, 여성 대표성의 증대는 수많은 여성의 삶과 직결된 문제가 아닐 수 없다. 이 책을 통해 기울어진 운동장의 재설계를 위한 청사진을 얻을 수 있길 바란다.

최태섭 문화평론가, <한국, 남자> 저자

치열한 논쟁 속에서 2표차로 가결되었던 비례대표 후보 여성 홀수순번은, 이제 민주노동당을 넘어 보편적인 제도가 되었다. 최초 여성할당제를 우리 정치 문화로 이끌었던 그 여성들은 바로 우리이다. 여

전히 기울어진 운동장에는 여성들과 다양한 얼굴을 한 가난한 사람들이 있다. 여성정치의 정석은 이들 모두의 정석이다. 동수 정치는 새로운 지표이다.

심상정 정의당 대표

〈여성 할당제〉. 민주노동당에서 시작된 여성할당제는 보수정당도 수용한 보편적 정치현상이 됐다. 그러나 '여성할당제'는 진보정당 민주노동당에서도 쉽게 받아들여진 것은 아니다.

비례대표 여성후보에게 1번서부터 홀수 번호를 부여하는 할당제가 정착되기까지 '인내의 뜨거운 토론'을 거쳐야했다. 이 책은 저자가 제1기 민주노동당 최고위원으로 불붙여 이룬 여성할당제 보고서이면서 여성 할당제를 넘어선 〈남녀 동수제〉 추진 출사표다. 이제 남녀 동수제도 하루빨리 시행되길 바라면서 그 희망을 이룰 길잡이로 이 책을 강추한다.

권영길 전 민주노동당 대표, 제17대, 18대 국회의원

여는 글

나는 정치를 '상상의 예술'이라고 정의한다. 정치는 상상하는 만큼 가능성을 만들어 내는 가장 매력적인 인간 행위이기 때문이다. 그래서 나는 도전했고, 또 도전했다.

이 책은 필자의 논문 「민주노동당 여성할당제 도입 경로 연구」를 재구성하여 엮은 것이다. 이 논문을 소환한 이유는 여성 정치 참여 확대를 위하여 여성 정치인들의 땀과 눈물을 기억하고 기록하기 위함이다. 언제나 비가시화 되어 있는 여성의 역사를 드러냄으로서 정치적 주체로서 여성을 당당히 불러내고자 한다.

또한 여성할당제 도입 경로를 통하여 여성 정치 참여 현주소를 조명하고 여성 정치, 진보정치의 역할을 다시 정립할 수 있기를 바란다. 우리는 여전히 기득권 중심의 기울어진 정치 운동장에서 싸우고 있다. 약간의 그 기울기를 바꾸기 위한 노력은 기존의 기득권과의 치열한 싸움이었다. 여기 위대한 승리의 역사가 있다.

2000년 1월, 그동안 단절되었던 진보정치의 역사를 다시 세웠던 민주노동당은 1인 2표 정당명부비례대표제를 헌법소원을 통하여 이끌어 냈다. 그 결과 민주노동당은 10명의 국회의원을 진출시킬 수 있었다. 여성 정치 참여에도 큰 변화를 불러왔다. 국회의원 300명 중에서 처음으로 10%대를 넘는 13%, 39명의 여성국회의원을 진출시켰다. 제도의 변화는 위력적인 것이었다.

민주노동당 여성 정치인들은 창당과정에서 정당 최초로 모든 선출직과 임명직에서 30% 이상 여성할당제를 관철했고 연이어 공직선거 비례대표 후보에 여성 홀수 번 교호순번제 공천제도, 지역구 30% 이상 여성할당제를 실현시켰다. 이는 보수 정당을 견인하고 법과 제도를 이끌어내는 성과를 만들었다. 여성 정치 참여의 가장 빠른 경로로서 할당제의 힘을 입증하였다.

그러나 어느새 30% 이상의 여성할당제는 30%가 최고 점이 되고, 그 마저도 유리천정에 부딪쳐야 하는 상황에서 우리는 보다 적극적인 상상을 하고 있다. 여성은 소수가 아니다. 이미 전체 유권자의 51%가 여성 유권자이다. 세상의 절반 여성은 당당하게 정치의 절반을 담당해야 한다. 그것이 이 시대의 공정이고 평등이다.

이 책에서 보듯이 여성들의 진출은 장애인을 비롯한 모든 사회적 소수자의 전진을 이끌어 내며 사회 진보의 가능성을 보여 주었다. "페미니즘은 민주주의의 완성"이라는 주장이 실현되려면 정치의 장에서는 동수 정치의 실현이다.

오는 2020년 4월 15일 실시되는 제21대 국회의원 선거는 시민의 다양한 얼굴을 닮은 동수 정치, 가난한 사람의 민주주의를 실현하는 국회로 꼭 만들어야 한다.

그래서 나는 또 도전하고 싸우고 기필코 승리할 것이다. 2020년이니까!

이 책이 출판되기까지 많은 도움을 주신 여러분께 감사드린다.

제일 먼저 부족한 논문을 정성을 다해 지도해 주셨던 정해구 교수님과 심사에 함께해 주신 김순남, 오유석 교수님께 감사드린다. 논문 면접에 응해 주신 존경하는 권영길, 고(故) 노회찬, 심상정, 이영순, 최순영, 현애자 전 민주노동당 국회의원님들과 김원정, 김은희, 김진선, 이선희, 홍승하, 김용신, 신언직, 이근원, 임진수, 정성희 선생님께 늦은 감사 인사드린다.

출판에 힘써 주신 다인아트 윤미경 대표님과 편집 관계자 여러분, 그리고 정석화, 김경해, 박인혜 선생님께 감사드린다. 기꺼이 추천의 글을 써주신 권영길, 심상정 대표님과 박상훈, 최태섭, 권김현영 선생님께 감사드린다. 언제나 안타까운 마음으로 응원하는 가족들에게도 미안함과 고마움을 전한다.

2019년 11월

인천 계양에서 박인숙

프롤로그

길_ 열두 명 인숙이 중의 박인숙

크로바 타자기로 바꾼 삶

나는 전북 정읍에서 태어났다.

다섯 살 즈음 부모님의 서울 이주로 서대문 영천, 마포 신수동 등 서울 변두리에서 자랐다. 아래로 남동생 둘이 있었다. 집안의 맏이이라는 위치는 한동안 나를 범생이, 착한 누나, 믿음직한 장녀로 살게 했다. 변화가 시작된 것은 초등학교 4학년 때였다. 가난한 동네에 어느 날 진보적인 성향의 교회가 들어섰다. 그러다 우연찮게 '삶'이라는 말을 듣게 되었다. 삶…. 어린나이에도 이렇게 간결하게 표현할 수 있는 말이 있다니 충격적이었다. 입 안에서 묘하게 울림이 있는 말이었다. 그 교회를 더욱 자주 드나들게 되었고, 그러면서 세상을 보는 나의 시각이 많이 바뀌게 되었다. 박정희 유신 시대였다. 시퍼런 칼날이 사람들의 입과 눈과 귀를 모두 막고 잘라내는 무시무시한 시절이었다. 교회는 고난을 피해 숨어든 지식인과 대학생들의 피난처였다.

집안 사정으로 대학 입학은 일찌감치 포기했다.

여상에 입학하여 빠른 사회생활을 준비했다. 그 시절 동네 언니들이나 또래 친구들을 보면 고등학교는커녕 중학교도 못 가는 경우가 허다했다. 그녀들은 집안 건사를 위해 학교 대신 공장에 들어갔다.

당시 신수동에는 '비너스'라는 브랜드 속옷을 만드는 신영섬유 공장이 있었다. 그녀들은 교복이 아닌 작업복을 입고 시다로 일을 했다. 나는 떼를 써서 중학교를 어렵게 들어갔기 때문에 여상이어도 감지덕지했다. 그러나 나의 고등학교는 암흑기였다. 모든 것이 취업을 위한 경쟁이었고 속도였던 학교생활은 심성에 맞지 않았다. 그나마 독서모임은 나를 위로 했다.

고등학교 1학년, 그때가 1980년이었다.

광주항쟁은 내 삶에 또 다른 변화를 만들었다. 나는 타자를 칠 줄 알았고, 또각 거리지만 크로바 타자기를 가지고 있었다. 그 덕분에 대학생 선배들이 부탁한 광주항쟁 진실을 알리는 유인물을 타이핑 해주었다. 밤에 또각또각 타자기 소리는 더 크게 울리며, 가슴 졸이게 했다. 그러나 점차로 세상을 보는 눈을 갖게 되었다.

나는 크로바 타자기를 사랑했다. 크로바 타자기는 나의 보물이었다. 이 타자기는 1987년 7월에서 9월까지 이어진 노동자 대투쟁 때도, 태연물산 노동조합과 인천지역노동조합협의회 초기 활동에도 유용하게 쓰였다. 사회적 인식이 확대되었지만 가난한 집 맏딸 역할에서 쉽게 벗어나지 못했다. 또래 친구들이 나보다 먼저 결심하고 대학교와 멀쩡한 사무직을 그만두고 노동 현장에 뛰어들어도 나는 결심하지 못했다. 미문화원 점거 사건은 나에게 충격이었다. 같은 또래들이 독재정권에 직접 맞서 싸우는 모습에서 나의 삶이 부끄러웠다.

1986년 10월 15일, 그날이 시작이었다.

직장에 사직서를 내고 나의 소시민적 삶을 정리했다. 사무직으로 4년간 일하면서 꼬박꼬박 월급봉투째 집안 살림에 보탰다. 부모님과 동생들을 생각하면 나로서는 선택하기 힘든 결정이었지만, 나의 길을 가기로 했다. 인천 부평공단 전자 완구(장난감)을 만드는 태연물산에 노동자로 취업을 하고 비로소 나의 노동운동을 시작했다. 1986년 11월 18일이었다. 이후로 33년간 지금까지 나의 걸음은 한 번도 멈춘 적이 없다.

서울로 갈 것인가? 인천으로 되돌아갈 것인가?

태연물산에서 노동운동을 시작한 후, 최루탄 가득했던 1987년 6월 항쟁을 부평에서 맞이했다. 이후 7월 노동자 대투쟁의 서막은 울산 현대 노동자들이 거대한 행진으로 시작되었다. 인천에서는 7월 11일 부평 공단 한독금속 노동자들이 민주노조를 설립하면서 포문을 열었다. 내가 일한 태연물산은 7월 24일 인천에서는 첫 여성 사업장 민주노조를 설립하고 뜨거운 8월의 투쟁을 만들어냈다. 우리는 1987년 투쟁의 성과를 기반으로 인천지역노동조합협의회, 민주노총 인천본부 설립 등 전노협, 민주노총 시대를 열었다.

민주노총은 1997년 노동법 개정 날치기에 맞서 위대한 총파업 투쟁을 전개하고 노동 진영의 대표 세력으로 그 지위를 인정받았다. 하지만 노동자를 대변하는 정당이 없는 상태에서 정치적인 힘을 발휘하기는 어려웠다. 민주노총은 이러한 한계와 총파업 승리의 기운을 모아 노동자의 권리를 보장하고, 세상을 바꾸기 위해 민주노동당을 창당했다. 나는 민주노총 간부로서 국민승리21 회원을 거쳐 민주노동당 창당 발기인으로 함께했다. 민주노동당은 2004년 4월 제17대 국회의원 선거에서 10명의 국회의원을 배출했다. 그것으로 진보정치의 가능성을 세상에 알렸고, 민주노동당 1세대인 걸출한 선배들이 국회로 진출했다. 그 상황은 최고위원회라는 집단 지도 체제의 도입으로 이어졌다.

그 당시 나는 민주노총 여성위원장과 민주노총 인천본부 부본부장으로 일했다. 민주노총 지도부로부터 민주노동당 최고위원 선출 선거에 나갈 것을 제의받았다. 민주노총이 중심이 되어 만들었던 민주노동당. 하지만 노동운동가에서 정치인으로의 위치 변경은 쉬운 결정이 아니었다. 그렇다고 마냥 결정을 미룬 채 시간만 보낼 수도 없는 상황이었다. 여러 고민 끝에 어렵사리 결심을 굳혔다. 서류를 준비하여 서울 여의도에 제출하기 위해 지하철을 탔다. 그 길에 한 통의 전화를 받았다. 전화를 건 사람은 민주노총 지도부의 한 사람으로 그는 내게 다른 여성노동자 선배가 최고위원 출마 의사를 표명하는데 어떻게 하면 좋겠느냐고 물었다. 사실상 양보하라는 의미였지만 나는 흔쾌히 그것을 받아들였다. 사실 나는 마음이 내켜 출마하려던 것이 아니었다. 오히려 출마에 의지가 강한 분이라면 더욱 좋겠다 생각했다.

그길로 인천행 지하철로 갈아타고 인천으로 돌아왔다.

그런데 또다시 전화가 왔다. 여성노동자 선배에게 최종 확인을 했는데, 경쟁부문 선거에 출마하기 어렵다는 대답이 돌아왔다는 것이다. 대답을 미루고 다시 고민에 빠졌다. 달리는 지하철 차창 밖으로 풍경이 빠르게 스쳐 지났다. 그만큼 내 생각도 빠르게 정리되고 있었다. 인천행인가, 서울행인가. 고민하는 와중에도 독촉 전화가 계속 왔다. 결국 나는 또다시 길을 돌려 여의도를 향했다. 기왕 나선 길, 끝을 보리라 다시금 결심한 것이다. 마감 직전 서류를 접수했다. 그 선거에서 제1기 민주노동당 최고위원으로 당선되었다. 그렇게 나의 본격적인 진보정치가 시작되었다.

여성담당 최고위원과 위원장을 담당하면서 정당 최초 지역구 30% 여성할당제를 관철시켰다. 언제나 어려운 당과 지역구 여성할당제를 책임을 지기 위해 내리 네 차례에 걸쳐 2년마다 지역구 선거에 출마했다. 그때마다 기존 정당의 벽을 넘지 못하고 쓰라린 실패를 맛봤다. 그것은 이후 진보정당이 걸어온 길과 별로 다르지 않다. 그렇게 나는 파란만장한 진보정치의 한복판에서 여전히 다른 이들과 함께 숨을 고르고 있다.

열두 명 인숙이 중의 박인숙

공장에서 일할 때 나이와 출신 지역은 달라도 공통점을 가진 친구들이 있었다.

인숙이. '인숙'이라는 이름을 가진 사람들이 십여 명이나 되었다. 공인숙, 황인숙, 이인숙, 최인숙 등등 그 당시 인숙이는 흔한 이름이었다.

학교 다닐 때 친구들은 내 이름으로 장난을 치곤 했다.

"학교 오는 길에 너 봤는데, 넌 모른 척하더라?"

친구들이 말한 인숙이는 거리나 골목에 수많았던 '여인숙'이었다.

공장에서 만난 인숙이들도 아마 그런 경험이 있지 않았을까.

그래서 만든 모임이 '인숙이 모임'이었다. 1987년 민주노조를 만들 때 이 '인숙이 모임'의 '인숙이'들은 의리의 대명사였다.

그 많은 '인숙이' 중에 '박인숙'.

그녀는 가난하고, 노동자이고, 여성이고, 언제나 대세보다는 소수자였다. 비록 풀처럼 빨리 눕고 빨리 일어났지만 정해진 길을 마다하지 않았다. 운명에 고개 숙이지 않았고 버티고 도전하고 개척하며 오히려 즐겁게 싸웠다.

지금의 정치 생태계에서 '인숙이'는 소수에 불과하다.

노동자, 서민을 대변하겠다는 정의당을 포함한 진보정당 소속 국회의원은 7명이고, 여성의원은 전체 300명 국회의원 중 17%에 불과한 51명이다. 우리나라 국회의원 여성의원 비율은 국제의회연맹(IPU) 기준 193개 국가 중 118위이다. 아시아 평균 19%에도 못 미치고, 국제 평균 23.5%보다 훨씬 뒤처져 있다.

국회는 시민의 얼굴을 닮아야 한다.

그럼에도 남성과 기득권의 얼굴만을 고집하고 있는 것이 지금 우리의 국회이다. 정부 부처와 민간기업 등에서도 여성의 고위직 진출은 여전히 턱없이 부족하다.

캐나다 트뤼도 총리는 남녀 동수 내각을 구성하고 'Because it's 2015'라고 일갈한 바 있다. 우리나라는 2017년 문재인 대통령의 등장 이후 비로소 내각 여성비율 30%에 간신히 턱걸이를 했을 뿐이다. 아직 갈 길이 멀다.

광장_ 할당을 넘어 동수 정치로

기억되지 않는 여성 정치의 역사

2000년 1월 진보정당을 표방하며 출범했던 민주노동당. 진보정치에 대한 지향을 바탕으로 한국 정당 역사상 최초로 여성할당제를 채택했다.

민주노동당의 여성할당제는 2000년 모든 선출직과 임명직에 30% 이상을 여성으로 한다는 당헌 제정이 시작이었다. 이후로 2002년 지방선거에서 비례후보 여성 홀수 순번 도입, 2004년 국회의원 선거에서 비례후보 여성 홀수 순번 도입, 2005년 지방선거 지역구 30% 이상 여성할당제 도입, 2007년 국회의원 지역구 30% 이상 여성할당제 도입으로 점차 확장됐다. 이는 여성할당제에 대한 법·제도적 강제와 다른 정당에서의 도입에 있어서 한참 앞선 것이다.

민주노동당의 여성할당제는 정치에서 타자화됐던 여성을 정치 참여 주체로 불러냈다는 데 의미가 깊다. 여성의 정치 참여는 당내 여성들의 주체성과 역동성에 기초한 것이다. 그러나 여성할당제를 통한 민주노동당 내 여성들의 정치 참여에 관한 경험은 자세히 기록되지 않았고 의미화되지도 못했다.

여성할당제는 여성 정치 참여의 빠른 경로로써, 수적인 진출의 유의미한 제도임이 입증됐다. 그러나 젠더 질서와 정파 문화의 작동,

할당 수준을 넘어서지 못하는 여성 정치 참여 등의 문제점도 보여주었다. 여성할당제에 대한 계속적인 반발과 도전의 문제점도 드러났다. 이는 정치 참여의 보편성과 성평등 인식의 부족함에서 기인한다.

여성할당제는 여성을 수적으로 진출시키는 목표를 넘어 남성 중심적 정치질서의 균열을 내고, 성평등 정치로의 변화를 추동해야 한다. 그동안 여성할당제는 이러한 여성주의적 목표를 분명히 구현했는지 평가되어야 한다.

이는 할당제라는 적극적 조치가 여성들의 적극적인 정치 참여를 이끌어낸 강력한 조치였음에도 일부를 할당한다는 시혜성이 가지는 한계가 있다. 30% 이상 여성할당제는 30%가 최고인 유리천장으로 작동했고, 이 프레임은 여성들을 그 안에 가두었다. 물론 30% 할당제 자체에도 도달하지 못하고 있는 것이 현실이기도 하다.

전체 유권자의 51%를 여성 유권자가 차지하고 있는 데 비해 시민의 대표가 모이는 국회에서 여성 17%라는 수치는 많은 함의를 드러낸다. 이미 시민을 구성하는 성별이 남녀로 구성되어 있기 때문에 정치 참여에서도 남녀가 당연히 동수로 참여가 보장되어야 한다는 프랑스 남녀동수법을 근거하지 않더라도, 이제 30%는 여성들의 최고의 목표가 아니다.

여성에게 국가는 없다?

2018년 미투(MeToo)를 비롯하여 회화역 집회 등 성차별·성폭력 없는 세상을 요구하는 여성들의 목소리는 광장을 뜨겁게 달궜다. 그 요구와 질문의 끝은 "여성에게 국가는 없다"라는 분노로 표현되었다. 단지 여성이라는 이유만으로 폭력을 당하고 채용 과정부터 배제되어야 하는 현실 앞에 광장은 연일 여성의 목소리로 차고 넘쳤다.

그러나 정치는 광장의 목소리를 담지하고 못했다. 변죽만 울렸을 뿐이었다. 20대 국회에서 성차별, 성폭력, 동등한 노동권 등 성평등 관련 법안은 200여 개가 발의되었다. 하지만 그 법안들은 국회에서 잠자고 있거나 썩어가고 있다.

동수 정치로 가자

올랭프 드 구즈는 프랑스 혁명기에 〈여성과 여성시민의 권리선언〉을 발표하고 여성의 참정권 확보를 위하여 싸웠다. 그러나 끝내 "여성은 단두대에 오를 권리가 있다. 마찬가지로 그 의사 표현이 법이 규정한 공공질서를 흐리지 않는 한 연단에 오를 권리도 가져야 한다"는 말을 남기고 단두대에서 처형되었다.

여성들은 2차 세계대전이 끝나는 즈음에야 참정권을 획득할 수 있었다. 여성들의 참정권 투쟁은 150여 년에 걸쳐 각국에서 다양한 형태로 진행되었다. 그러나 참정권을 가진 것으로 여성의 정치 참여가 보장되는 것은 아니었다. 성차별적 젠더 구조 속에서 기회 제공만으로는 여성들의 공정하고 평등한 정치 참여는 유리천장 자체였다.

남성과 기득권 중심의 기울어진 운동장을 바꾸기 위한 적극적인 조치로서 여성할당제는 여성들의 정치 참여의 새로운 장을 열었다. 적극적 조치는 오래된 차별의 결과로 불평등이 지속될 수 있는 조건을 바꾸기 위한 노력이었다. 그러나 할당제가 가지고 있는 사회적 소수자에 대한 배려, 우대, 시혜라는 인식은 언제나 도전에 직면했다.

공정은 평등과 함께할 때 공정하고 평등할 수 있다. 기회와 절차가 동일하게 주어진다고 하여 궁극적으로 평등해질 수 있는 것은 아니다. 특히 절차적 공정함에서의 할당제, 남녀동수제 논의는 역차별과 백래시(backlash)에 봉착할 수 있다. 공정한 과정이 기회와 결과에서 평등으로 확인될 때야말로 비로소 공정과 평등은 가능해지는 것이다.

여성은 더 이상 소수자가 아니다. 인구 구성, 유권자 구성에서 이미 세상의 절반을 넘어섰다. 30% 이상이라 하지만 30%가 최고인 할당제로는 여성이 정치적, 사회적, 경제적 소수자에서 벗어날 수 없다. 시민의 얼굴을 하는 국회와 정치 실현을 위하여 동수 정치로 노를 저어 가야 한다. 2020년 제21대 국회는 여성의 얼굴을 한 국회, 노동자의 얼굴을 한 국회, 각종 사회적 소수자의 얼굴을 한 국회로 다원적 구성이 결합되는 국회를 만들어야 한다. 그 도전과 상상력을 앞서 여성할당제 도입을 위한 여성들의 노력을 통해 살펴보자.

기록이
기억을 지배한다

'영애'와 '영식'의 시대는 가고 '공순이'와 '공돌이' 시대 도래의 꿈

민주노동당[1)]은 1960년대 군사정권 등장 이후 오랫동안 단절되었던 진보정당의 역사를 마감하고 2000년 1월 30일에 창당했으며, 스스로 진보정당을 표방했다. 민주노동당은 창당 이후 2004년 총선에서 10명의 국회의원을 당선시켜 비로소 원내 정당이 됐다.

민주노동당을 만들었던 주요 세력인 노동자들은 언제나 단 한 명의 국회의원이라도 있으면 자신들의 서러움과 요구를 대변할 것으로 기대했다. 10명의 당선은 그동안 타자화 되었던 노동자, 농민, 빈민, 청년 그리고 여성, 진보정치를 갈망했던 진보 진영 모두의 감격이었다. 전태일의 어머니 이소선은 "태일아 너와 약속한 것 이제 지켰다. 너도 지하에서 기쁠 것이다. 내가 다섯 석은 너무 작다, 열 석은 되게 해 달라고 기도했다. 내 기도가 이루어졌다"(홍세화·권영길·단병호 외, 2004: 17)고 그날의 소회를 말했다. 최순영은 "드디어 우리의 정치에서도 '영애'와 '영식'의 시대가 가고 '공순이'와 '공돌이' 시대가 도래함을 목도하면서 30년 전에 흘렸던 제 젊음의 땀과 눈물이 헛되지 않았음을 느끼게"(최순영, 2004: 83) 됐다며 일하는 사람들의 정치를 다짐했다.

---

1) 민주노동당은 2000년 1월 30일 창당했으며, 2011년 12월 5일 국민참여당, 진보신당에서 탈당한 새진보통합연대와 합당하여 통합진보당으로 출범했다. 이 글은 2000년 1월 민주노동당 창당에서 부터 2011년 12월 통합진보당 창당 전 단계까지 시기를 중심으로 연구했다.

정당 역사상 첫 홀 수번 여성할당제 실현

2004년 17대 국회의원 당선자 10명 중에는 여성할당으로 진출한 여성 국회의원 4명이 함께했다. 17대 국회의원 중에서 여성 비율이 15.3%인데 비해, 민주노동당 내에서 여성 국회의원 비율은 40%를 차지했던 것이다. 4명의 국회의원뿐만 아니라, 민주노동당 등장과 전개 과정에서 지도부, 의결기구, 공직후보 등 전반에 걸쳐 여성들의 정치 참여는 수적으로 타 정당에 비해 확연하게 많았다. 이는 창당 준비 과정부터 여성할당제를 도입하고 실행했기 때문이다. 민주노동당의 여성할당제는 국내 법·제도의 발전 속도보다 빠르게 당내 제도로 도입됐다.

구체적으로 살펴보면, 민주노동당은 2000년 창당 강령에서 여성의 정당임을 표방하고 당헌을 통하여 '모든' 선출직과 임명직에 30% 이상 여성할당제를 도입했다. 한국 정당 역사상 최초의 일이었다. 민주노동당의 노력은 더 나아가 비례후보 홀수 순번 및 지역구 30% 이상 여성할당제로 확장됐다. 이러한 앞선 실행은 다른 정당에게도 직, 간접의 영향을 끼쳤다.

1995년 베이징 여성대회 행동 강령

민주노동당이 여성할당제를 실현할 수 있었던 배경에는 1994년부터 여성운동 단체들의 지속적인 여성할당제 요구와 여성 정치참여 운동이 자리하고 있었다. 여성할당제는 1995년 베이징 여성대회 이후 국내외에서 급격하게 그 흐름이 형성되었고, 여성들의 주요 정치적 요구로 등장했다.

무엇보다도 민주노동당이 여성할당제를 실현할 수 있었던 가장 큰 원동력은 '여성' 당원들의 '공동'의 노력이었다. 현재 민주노동당이 여성할당제를 도입하고 실현했던 여성 주체의 기록은 제대로 정리되어 있지 않고, 의미 있게 평가 받지 못하고 있다. 여성할당제를 도입하기 위한 여성들의 노력은 제대로 드러나고 있지 않다.

"기록이 기억을 지배한다"라는 모 카메라 광고카피는 자주 기록의 중요성을 강조하는 의미로 언급되는 표현이다. 그러나 "기록이 기억을 지배한다"에서 중요한 '누가'라는 행위 주체가 언급되어 있지 않다. "기록이 기억을 지배한다"는 행위의 결과이다. 이 행위의 결과는 기록하는 주체에 따라 변화하고, 기억을 지배한다. 페미니스트들은 여성과 관련해서 기존의 학문이, 특히 주류 사회과학에서 여성은 비가시화 되고 설명되지 않았으며 따라서 남성 중심적 이론이나 학문은 실제 사회적 현실을 제대로 설명해 주지 못한다고 제기했다(이재경·윤택림·이나영 외, 2012: 11).

진보정당 부침의 역사 속에서도 피어나는 여성 정치

민주노동당에서도 마찬가지로 여성할당제를 만들어 낸 여성들의 주체적 노력과 활동은 제대로 기록되거나 기억되지 못하고 있다. 민주노동당은 진보정당의 두 차례 분당[2]과 정권의 탄압 속에서 관련 자료를 제대로 보존하지 못했다. 남아있는 자료 가운데에서도 여성들의 행위는 제대로 가시화 되거나 기록되지 못했다. 더 이상 유실되기 전에 제대로 기록하고 정리하는 것이 필요하다. 이 연구는 이러한 여성들의 움직임을 의미화 하기 위하여, 여성정치 현장의 목소리를 담아내고 당 내부 동학에 맞서는 여성들의 활동을 연구하고자 한다. 여성할당제를 통한 여성의 정치적 대표성을 획득해 나가는 과정은 정치에서 여성을 주체로 형성해 나가는 과정이었다. 이 제도를 통하여 많은 여성들이 자신에게서 정치적 능력을 발견하고 정치적 능력을 발휘할 수 있는 기회를 만들었다.

이 연구는 여성할당제가 당의 위기 상황에서 이미지 변화를 위한 목적으로 운영된 측면은 없었는지, 선거시기에만 여성을 채우기 급급해 하고 일상시기에는 여성들을 배제하거나 경합의 대상으로 하지 않았는지, 어떠한 당내 정치문화를 조성했는지 등 젠더 질서 작동에

2) 1차 분당은 2008년 2월에 민주노동당에서 PD(민중)계열 당원들이 대거 탈당한 것으로서, 이들은 진보신당을 별도로 창당했다. 2차 분당은 통합진보당에서 2012년 총선 이후 비례 부정경선 논란 등으로 국민참여당 계열, 통합연대 계열, 민주노동당 계열 일부 세력이 탈당한 것으로, 이들은 정의당을 창당했다.

대해서도 연구하고자 한다. 이를 통하여 여성할당제가 수적인 진출로서 의미만이 아니라, 성평등 정치참여를 조성하고 남성 중심의 정치 질서를 변화시켜 낼 수 있는 가능성을 살펴보고자 한다.

필자는 민주노동당이 최초로 의회에 진출한 2004년부터 2007년까지 4년간 민주노동당 최고위원과 여성위원장으로 일하면서 직접 여성관련 사업을 총괄했다. 이 기간 동안 연구자는 성평등 의무교육을 당내 제도로 만들었고, 지역구 선출직 여성할당제를 도입하는데 적극적으로 개입했다. 또한 공직선거에 수차례 도전했다. 이 연구는 이러한 연구자의 경험을 바탕으로 당사자 여성의 관점에서 여성정치를 분석하고자 한다.

민주노동당 안에서 여성할당제는 대표적인 여성 정책이면서, 여성들의 자랑이었다. 그러나 한편으로는 당 밖으로 이에 대한 경험을 공유하고 의미화 하지 못한 아쉬움을 가지고 있었다. 연구자가 이 연구를 하고자 했던 이유 중 하나이다. 현재 민주노동당을 함께했던 세력들은 여러 정당 또는 개별로 흩어졌다. 여성할당제 실현을 위해 힘을 모았던 여성들도 여러 갈래로 나눠졌다. 이번 연구과정은 부족하나마 개별적으로 흩어져 있던 기억을 모아 기록으로 남기는 첫 출발이다.

서프러제트[3], 여성 참정권 운동의 역사

서구에서 여성 정치참여 운동의 시작은 남성과 같은 동등한 참정권을 확보하는 것이었다. 영국, 프랑스, 미국을 중심으로 살펴보면 공통적으로 여성들은 남성과 동등한 참정권을 요구하는 운동을 오랜 기간에 걸쳐 진행했다.

영국의 대표적인 정치참여 운동의 하나였던 차티즘[4]에 남성들뿐만 아니라 여성들도 그 전례를 찾아볼 수 없을 정도로 많이 참여했다. 그러나 톰슨(Dorothy Thompson)이 지적한 것처럼, 여성의 출현은 차티즘 사학자들에 의해 사실상 무시되어 왔다. 차티즘 초기 단계에 여성들은 중요한 역할을 했다. 차티즘에 참석한 여성들의 수적 규모는 1839년 첫 번째 청원에 서명한 사람들의 3분의 1에 이르렀다(남철호 ,2000: 92-93). 당시 남성에게도 모두 보통선거권이 주어지지 않았고, 여성에게는 더욱 먼 일이었다.

프랑스에서 여성의 참정권 운동은 1789년 프랑스 혁명에 의해 봉건체제가 해체된 시기부터 1944년 드골에 의해 여성에게 보통선거권이 주어질 때까지 150여년의 긴 투쟁의 과정을 거쳐야만 했다. 1789년 봉건체제가 해체되고 1791년 헌법이 제정되고 "모든 국민은 자유

3) 20세기 초 영국에서 참정권 운동을 벌인 여성들을 지칭하는 용어로, 동명의 영화가 2015년 제작됨.

4) 차티즘(Chartism)은 빅토리아 시대 초기에 거의 20년 가까운 오랜 세월에 노동계급이 전개했던 가장 광범하고 거대한 정치활동에 붙여진 이름이다. 1838년 첫 출범하여 의회 개혁을 요구하는 6개 조항의 정치강령, 즉 인민헌장(People's Charter)을 중심으로 전개된 운동이었다(송규범, 2000: 63).

로운 개인으로서 평등하다"는 내용의 〈인간과 시민의 권리선언〉이 선포된다. 그러나 인간과 시민에서 여성은 배제된다.

올랭프 드 구즈(Olympe de Gouges)[5]는 1791년에 프랑스혁명 인권선언에서 빠진 여성의 인권을 주창한 〈여성과 여성시민의 권리선언〉을 통하여 여성 인권선언을 발표한다. 1792년 『여성의 권리옹호 *A Vindication of the Rights of Woman*』라는 책을 집필하여 반향을 일으켰던 메리 울스턴크래프트 역시 프랑스 혁명이라는 세계사적 사건 이후에 보여 주었던 성차별적인 계몽주의자들의 이중적 태도를 지적하고 남녀동등 권리를 주장했다(손영미, 2006: 29-32, 이해진, 2014: 106 재인용). 프랑스 혁명으로 시민세력으로 등장한 부르조아 남성이 정치의 대표로 등장하고 여전히 여성들은 정치에서 비가시화 됐다.

1848년 12월에 프랑스 최초의 보통선거가 실시됐다. 재산과 교양이 있는 특별히 유능한 남자에게만 부여되었던 참정권은 1793년과 1848년에 걸쳐 재산 자격이 없어졌지만, 여성들은 참정권을 부여받지 못했다(권김현영·루인·김주희 외, 2012: 18-20; 조앤 W. 스콧, 2009: 44-49). 여성은 여전히 보편적 시민이 아니었다. 남성들의 참정권이 1848년에 확립되자 그 이후의 문제는 어떻게 노동자들을 대표할 것인지가 쟁점으로 부각됐다. 여전히 시민의 범주에 포함되지 못했던 여성들은 진정한 보편적 참정권을 강하게 주장했다(조앤 W. 스콧, 2009: 45-53). 1944년 보통선거권을 부여받은 여성들이 공직에 제대로 진출할 수 있었던 것은 1990년 남녀동수 운동을 거쳐 2000년 남녀동수제 채택

---

5) 올랭프 드 구즈(Olympe de Gouges, 1748~1793)는 프랑스의 시민운동가이다. 프랑스 혁명 시기에 여성에게도 참정권이 부여되어야 한다는 혁신적인 주장을 했다. (출처:위키백과)

이후 비로소 확보됐다.

세계 여성의 날은 1908년 3월8일에 뉴욕 럿거스 광장(Rutgers Square)에서 발생했다고 상정되는 여성노동자들의 투쟁으로 소급된다. 여성노동자들의 생존권 투쟁을 지지하고 열악한 노동조건을 개선하기 위하여 필요한 여성선거권의 획득을 촉진하려는 투쟁에서 비롯됐다. 이와 관련하여 신상숙은 "미국사회당의 여성들이 1909년 2월의 마지막 일요일(1909.2.28)을 '여성의 날(Woman's Day)'로 선포하고 여성선거권 획득을 위한 집회를 개최함으로써 그들이 전혀 예상치 못한 역사적 대장정의 첫걸음을 내딛었다(신상숙, 2010: 167-170)"고 하면서 기념일이 하나의 기원에서 유래한다기보다는 복합적인 사건들이 어우러진 일련의 과정을 거치면서 정립되어 왔다고 주장했다. 유래와 관련해서 다양한 측면을 고려할 수 있지만, 세계 여성의 날은 빵과 장미로 은유되는 노동시간 단축과 노동조합 결성의 자유, 참정권으로 표현되는 정치적 자유를 위한 투쟁이었다.

위와 같이 국외에서 여성들의 정치참여 운동은 오랜 기간에 걸쳐 여성의 참정권을 통한 시민권을 확보하는 투쟁의 과정이었다. 여성들이 현재의 대의정치의 장에 선출직으로 진출하기 위해서는 더 많은 시간이 걸렸다.

여성이 원하는 것을 가장 잘 아는 것은 여성

세계 최초로 여성할당제를 실시한 국가는 핀란드이다. 핀란드는 1907년에 "여성이 원하는 것을 가장 잘 아는 것은 여성"이라는 슬로건으로 10% 여성의원 할당제를 실시했고, 점점 늘려 1993년에는 40% 성평등 할당제가 도입됐다(권김현영, 2012: 29). 여성할당제는 1995년 이후 전 세계적으로 확산됐다. 그 과정을 살펴보면 다음과 같다.

여성할당제 논의는 유엔의 여성정책과 결코 분리되어 이루어질 수 없다. 제2의 참정권운동이라 일컬어지는 여성할당제가 급속도로 국제적인 추세로 자리 잡아 가는 데는 유엔 여성정책의 영향이 지대했다(김금숙, 2011: 15).

유엔은 1975년을 세계 여성의 해로 정하고 1979년 여성에 대한 모든 차별철폐에 관한 협약을 채택했다. 1986년-1995년을「유엔여성 10년」으로 정한이래, 1985년 나이로비 세계여성대회의 미래전략에서, 여성들은 사회 내 존재하는 성차별적 요소를 제거하고 여성의 지위를 높여 나가기 위해서는 무엇보다 "정치 및 정책결정과정"에 여성의 참여가 확대되어야 한다는 기본원칙을 주장했다. 지속적으로 여성의 정치 및 정책결정 과정에의 참여확대를 촉구했고, 1991년 지역 전문가회의를 통하여 1995년까지 최소 30% 이상 확대해 나갈 것을 결의하고 각국에 촉구한 바 있다. 그 결과 많은 나라에서는 "여성의 정치 및 정책결정과정"에의 참여문제에 관심을 가지게 되었고, 실제 여

성의 참여도 늘어났다.[6)]

1995년 베이징 세계여성대회를 계기로 여성의 정치적 대표성 확대의 중요성 그리고 할당제가 그러한 목표를 달성하는 가장 빠른 경로(gender quotas as the fast track)라는 담론을 전 세계에 확산시켰다(조현옥·김은희, 2010: 111). 이러한 결과로 남녀동수제와 여성할당제를 주창하게 됐고, 현재까지 여성할당제를 도입한 국가의 수는 20개국에서 100개국으로 급증했다. 그러나 2010년 3월5일에 국제의원연맹에서 발표한 통계자료에 따르면, 전 세계 의회에서 활동하는 여성의원의 비율은 18.9%에 불과해 입법부에서 남녀 불균형은 여전히 시행되지 않고 있다(정미애, 문경희, 2010: 183).

6) 한국여성개발원, 1998, "선거구조 개혁과 여성의 대표성 확보방안"

통계로 본 여성정치 참여 비율

전 세계에서 〈표 1〉과 같이 여성의원 비율이 높은 국가들은 스웨덴과 핀란드, 노르웨이, 덴마크 등 북유럽 국가들로 여성의원 비율이 전체 의회의 40% 가량을 차지하고 있다. 여성의원 비율이 높은 국가는 헌법이나 선거법 등 법률을 통해 여성할당제를 규정하거나 정당의 당헌·당규를 통해 여성할당제를 시행하고 있다. 르완다는 헌법으로 여성 30%를 규정하고 있는데, 오랜 내전 과정에서 남성 사망률이 높아 여성참여를 명시하고 있기 때문이다(김영일·이정진·조주은, 2014: 52-53).

〈표 1〉 주요국의 여성의원(하원) 비율 (단위: 명, %)

국가	최근선거	의석수	여성의원수	여성의원비율
르완다	2013.9	80	51	63.8
스웨덴	2010.9	249	156	44.7
핀란드	2011.4	200	85	42.5
노르웨이	2009.9	169	67	39.6
덴마크	2011.9	179	70	39.1
아르헨티나	2009.6	257	99	38.5
멕시코	2012.7	500	184	36.8
독일	2013.9	630	229	36.4
프랑스	2012.6	577	155	26.9
영국	2010.5	650	146[1]	22.5
미국	2012.11	433	77	17.8
한국	2012.4	300	47	15.7
일본	2012.12	480	39	8.1

* 출처: 국회입법조사처(2014) 정책보고서, 52쪽 표 인용

1) 영국의 경우 2010년 선거 결과 143명의 여성의원이 선출됐으나 추후 보궐 선거 등으로 인해 2013년 10월 현재 여성의원 총수는 146명임. (국회입법조사처, 2014: 52 자료인용)

최근 발표 자료를 살펴보면, 아래 〈표 2〉와 같이 국제의원연맹(IPU)가 2019년 발표한 자료에서 스웨덴 46.1%, 노르웨이 41.4%, 오스트리아 34.4%, 독일 30.7%, 미국 19.6%, 대한민국 17%, 일본 10.1%로 발표했다. 대한민국은 OECD 국가 36개국 중에서 34위이고, 전체 조사국 중에서는 118위에 머물렀다. 또한 핀란드 41.5%, 프랑스 39.7%가 여성의원으로 구성되었다.[7]

〈표 2〉 IPU(국제의원연맹) 여성국회의원 비율 및 각국의 순위 (단위 : 명,%)

	2016			2017			2018			2019		
	순위	총 의원 수	여성 의원 비율 (%)	순위	총 의원 수	여성 의원 비율 (%)	순위	총 의원 수	여성 의원 비율 (%)	순위	총 의원 수	여성 의원 비율 (%)
스웨덴	5	349	43.6	6	349	43.6	5	349	43.6	7	349	46.1
노르웨이	15	169	39.6	13	169	39.6	10	169	41.4	13	169	41.4
네덜란드	22	150	37.3	20	150	38.0	26	150	36.0	27	150	36.0
오스트리아	44	183	30.6	45	183	30.6	30	183	34.4	31	183	34.4
독일	26	230	36.5	23	630	37.0	45	709	30.7	47	709	30.7
영국	48	650	29.4	47	650	30.0	39	650	32.0	38	650	32.0
미국	96	434	19.4	100	430	19.4	100	432	19.4	103	428	19.6
대한민국	106	300	17.0	119	300	17.0	116	300	17.0	118	300	17.0
일본	155	475	9.5	164	475	9.3	158	465	10.1	160	465	10.1

* 출처 : 여성가족부 통계 (2019), 하원의원 기준

7) 이종희, 2019. 5. 3, 입법전문지 더리더 기사 인용하여 보완.

세계 최초 여성할당제를 정치에 도입한 핀란드를 비롯하여 스웨덴, 영국, 독일, 프랑스, 아르헨티나, 르완다, 대만 등 주요 나라의 여성할당제를 살펴보겠다.[8)] 여성할당제는 법적 강제성 여부에 따라 정당할당제(Party quotas)와 법할당제(legislative or constitutional quotas)로 나뉜다(문경희, 2007: 275).

〈핀란드〉

핀란드는 1906년 유럽에서는 처음으로, 세계적으로는 뉴질랜드 다음으로 두 번째로 여성에게 투표권이 부여됐다. 첫 번째 의회선거에서 19명의 여성의원이 당선되었고, 1926년에는 최초로 여성이 내각에 임명됐다. 1987년 남녀평등법을 제정하여 "정치권력에서 남녀평등의 증진을 위해 노력할 것"을 의무로 부여하고 있다. 모든 정부위원회와 자문기구, 관련된 조직 및 지방의회를 제외한 지방기구에는 특별한 사유가 없는 한, 한 성이 최소한 40%는 되어야 한다고 규정하고 있다.

〈스웨덴〉

스웨덴은 조합주의적 국가이다. 다양한 이익들이 사회적으로 잘 조직되어 있어서 개인의 이익이 조직을 통해서 표출이 된다. 스웨덴 여성들에게는 1921년에 처음으로 선거권이 주어졌다. 1930년대에 서

---

8) 각 나라 분석 자료는 한국여성개발원 1998년 "선거구조 개혁과 여성의 대표성 확보방안", 한국여성개발원 2003년 연구보고서 210-14 「정당의 여성후보 공천 확대방안에 관한 연구」, 국회입법조사처 2014년 정책보고서 제30호 「여성의 정치적 대표성 제고를 위한 과제」를 요약한 자료이다.

구 대부분의 국가에서는 여성의 사회활동에 제약을 많이 두었지만, 스웨덴에서는 여성의 사회활동을 국가가 적극 권장했다. 이에 따라 여성의 사회참여가 활발했다. 스웨덴에서 여성할당제를 채택하게 된 것은 자유당에서 비롯된다. 자유당 여성들은 1972년 전당대회의 권고에 의해 의회선거에서 40%의 대표성을 가질 수 있었다. 같은 해에 사회민주당 회의에서 오롭 팔매(Olof Palme)는 성평등을 강조하며, 여성의 낮은 대표성 철폐는 "전체 노동운동을 위한 공동의 과제"라고 주장했다. 그 후 사회민주당은 당 지방조직과 각급 선거에서 40%는 여성으로 지명할 것을 정책으로 정해 놓고 있다. 아울러 좌파당은 1980년 당기구 및 의회선거에 있어서의 50% 할당제를 채택하고 있으며, 녹색당의 경우는 1991년 1월 정당법 안에서 2000년까지 사회 고위직급에 적어도 50%는 여성으로 임명해야 함을 권고사항으로 채택하였다. 현재 사회민주당은 50%, 자유당은 40% 할당을 하고 있다. 스웨덴은 여성의원의 비율이 45%로, 2013년 현재 세계에서 네 번째로 여성의원 비율이 높은 국가이다. 여성할당제는 법률에 의한 강제가 아니라 정당이 자발적으로 시행하고 있다.

〈영국〉

노동당 규약에는 후보를 선출하는 대의원과 후보자의 비율에 여성을 포함시키는 당규와 함께 1997년 이후부터 여성후보 할당제를 채택하고 있다. '여성후보 할당제'의 요점은 "다음 총선 전까지 노령으로 은퇴하는 남성의원 지역구 위원장의 50%와 당선 가능성이 큰 지역구의 위원장 자리에 50%씩을 여성에게 할당한다"는 것이다. 그러나 1998년 법원에서 이러한 women only short-list가 고용과 관련된 역차별이라는 판결을 내렸고, 이에 따라 2001년에는 그 수가 더 늘어나지 못하게 됐다. 2002년 (선거후보자) 성차별법 개정으로 여성만으로 구성된 지구당후보 예비합격자 명단 작성이나 후보자 명단에 여성과 남성 교차 지퍼시스템을 확립했다. 2013년 현재 영국의 여성의원 비율은 22.5%로 전체 189개 국가 가운데 56위이다.

〈독일〉

사회민주당과 녹색당 등이 여성할당제를 적극적으로 추진하고 있다. 사회민주당은 할당제 도입에 대한 논의를 거쳐 1988년 정당법에 여성할당제를 명시할 것을 의결했다. 사회민주당은 1988년 이후에 비례대표제 홍보명단 그리고 의사결정기구에서 40%를 여성에게 할당해 왔다. 녹색당은 당내 주요 결정직과 여성의석에 여성할당 50%를 당헌·당규에 명시했고, 이 약속을 필수적으로 이행해 나갔다. 한편, 기독민주당(CDU)은 1996년 10월 당 대회에서 여성할당비율을 당규로 정한 바 있다. 즉 당직의 1/3, 비례대표 후보명부에 1/3을 여성에게 할당한다는 것이다. 비례대표 후보명부에는 매 3번째 순번에 여성을 할당하는 방식을 취한다. 자유민주당(FDP)도 기독민주당과 유사하게 여성의 정치참여 증대를 위한 여성지원계획을 수립하고 이행을 위해 정기적인 점검과 함께 노력하고 있다. 한때 기독민주당 메르켈이 기업 여성임원 여성 30% 할당제를 거부하자 지지율이 떨어지는 여론 결과가 발표되기도 했다.

〈프랑스〉

프랑스에서는 남녀동수법(빠리테법)이 2000년에 통과되어 모든 선거에서 여성을 50% 공천하도록 하고 있다. 동수법이 통과되기 전에 사회당이 여성할당제를 실시했다. 지방의회 선거에서는 정당의 명부가 남녀동수법을 따르지 않으면 명부의 접수가 거부되어 선거에 참가할 수조차 없다. 그러나 총선의 경우에는 심각한 논란이 있어 선거 이후에 동수를 공천하지 않은 정당의 경우에만 국고지원금을 삭감하도록 법이 규정하고 있다. 이에 따라 총선에서는 동수가 지켜지지 않는 문제가 있다. 사회당은 자체 여성 30% 할당제 당 강령 때문에 다른 정당에 비해 여성후보 공천비율이 높다. 2011년 9월 실시된 상원의원 선거에서 22.2% 여성이 진출했고, 2013년 하원의원 선거 결과 26.9% 여성의원이 차지하여 남녀동수법 시행 직후인 2002년에 비해 여성의원 비율이 두 배 이상 증가했다.

〈르완다〉

2003년 헌법 개정을 통해 모든 조직의 30%를 여성에게 할당하도록 했으며, 하원 및 상원의 경우 구체적으로 여성할당을 규정함으로써 여성 정치참여 확대를 도모하고 있다. 르완다 헌법이 상원과 하원에서 여성의원을 30% 우선 보장하게 된 배경은 1994년 르완다에서 일어났던 인종대학살이었다(박선영·심선희, 2007, 김영일·이정진·조주은, 2014: 64 재인용). 전체 인구에서 여성 비중이 높고 국가 재건 과정에서 여성의 역할이 중요하게 대두되어 정치참여를 장려하고 있다. 2013년 총선 결과 여성의원은 전체 의석의 64%를 차지했다.

〈아르헨티나〉

1991년 11월 선거법 개정을 통해 하원의원 선거와 일부 지방의회 의원 선거에 여성할당제를 도입한 최초의 국가이다. "비례대표 명부 작성 시 여성후보의 비율을 최소 30% 이상으로 하는 동시에 이들을 당선 가능한 순번에 배치해야 한다. 이러한 조건을 충족시키지 못하는 정당의 비례대표 명부는 접수되지 않는다"고 규정하고 있다. 2010년 현재 여성 국회의원은 38%로 전 세계 평균 19%와 남미지역 평균 22%를 상회하고 있다. 또한 행정부 21.1%, 사법부 15%를 차지하고 있다. 여성할당제를 적용하는 대상은 정당명부식 비례대표제로 선출되는 상원의원, 하원의원 선거이다. 지방선거는 각기 지방정부마다 다르다.

〈대만〉

헌법에 여성당선할당보장제도라는 규정을 두어 각종 선거에서 일정 비율 이상을 여성으로 선출하도록 규정하고 있다. "각종 선거 중 반드시 여성의원 당선 수를 규정하고 그 방법은 법률로 정한다"라고 중화민국 헌법 제134조에 정하고 있다. 1991년 민주화 이후 2005년 이전까지 입법원선거는 3년제로 중선거구제로 실시되는 지역구 선거 가운데 특정 지역구는 여성에게 할당하는 여성 전용 선거구제를 실시했다. 중대선거구 운영과정에서 선거의 불비례성과 부정부패, 과다한 선거비용의 논란으로, 2005년 선거제도를 우리나라와 같은 1인 2표 병립식 혼합선거제로 전환하면서 여성 전용 선거구제가 폐지됐다. 이후 총 113석 의석을 지역구 73석, 원주민 할당의석 6석, 비례대표 34석으로 할당하는데, 그 가운데 비례대표의 50%를 여성에게 할당하고 있다. 2012년 현재 여성의원 비율은 입법원 33.6%, 직할시 34.1%, 현/시 27.4%로 평균 30%를 상회하고 있다.

홀아비 국회?
해방 이후 국내 여성 정치 참여

국내 여성들의 정치참여는 오랜 가부장 중심 정치 환경과 성별역할 분리에 따른 벽을 깨기 위한 끊임없는 도전이었다. 정치가 전통적으로 남성의 직업이었기 때문에 여성의 정치에서의 과소대표성은 국내에서도 마찬가지이다. 여성이 왜 정치에 참여하지 않는가라는 것이 아니라, 소수의 여성들이 어떻게, 왜 남성의 전유물이었던 정치에 참여할 수 있게 되었는가가 중요한 문제이다(손봉숙·박의경, 2000: 41). 어느 나라에서나 여성들의 정치참여 확대는 그 나라 경제적, 정치적, 사회문화적인 조건 속에서 여성 역량의 변화와 더불어 선거 제도에 따라 변화하고 있다.

한국에서 정치참여의 역사는 1945년 해방 이후 미군정 시기부터 시작된다. 해방 이후 여성정치는 사회운동이나 독립운동을 해 온 엘리트 여성을 중심으로 시작됐다.

한국은 서구의 역사와 달리 해방 이후 미군정에 의해서 남녀 동시에 참정권이 주어졌다. 그러나 실제적으로는 여성의 온전한 참정권 보장은 아니었다. 미군정하 과도입법의원은 미군정의 추천에 의해 선출된 관선의원 45명과 각 도읍별로 간접선거를 통해 선출된 민선의원 45명으로 구성됐는데, 4명의 여성이 관선으로 참여했지만 민선에서는 아무도 선출되지 않았다. 당시 사실상 세대주 선거가 허용되어 여성들에게 투표권이 주어지지 않았기 때문이다(권김현영, 2012: 20-21).

1948년 5월 10일 제헌 국회를 구성하기 위한 최초의 총선거는 이승만의 남한 단독 정부를 수립 노선을 지지하던 우익 진영들끼리 경합이 됐다. 좌익계는 총선참여가 저지된 데다 중도파 계열은 선거 불참하고, 우익 민족주의 세력은 단독 정부 수립을 반대하고 선거참여를 거부했다(손봉숙·박의경, 2000: 53).

1948년 선거에는 박순천과 김철안을 포함한 18명의 여성이 지역구 후보로 출마했으나 아무도 당선되지 못했다. 이에 대해서 박순천은 "홀아비 국회"라고 비판하였다. 1948년 5월31일 제1대 국회는 전적으로 남성만의 국회였다. 이러한 여성 중 일부는 1949년 3월 보궐선거에도 출마했으나 실패했다. 임영신은 1949년 1월 안동 보궐선거에서 승리하여 대한민국 최초이자 유일한 여성 국회의원이 됐다. 임영신은 국내 최초 여성정당이었던 대한여자국민당으로 출마하여 당선됐다(손봉숙·박의경, 2000: 61-62). 보궐선거로 당선된 임영신은 제헌국회의원 199명 중 유일한 여성의원으로 뒤늦게 제헌의원에 참여했다.

해방이후 제헌의회에서부터 2004년 1인2표 정당명부식 비례대표제 도입이전까지의 국회의원을 중심으로 한 여성정치 진출 현황은 5% 전후의 참여를 보였고, 대부분 전국구 또는 통일주체국민회의를 통해 진출했다. 정당명부식 비례대표제를 도입한 2004년에는 13%로 비약적으로 확대됐다. 선거제도의 변화는 여성들의 정치적 진출에 결정적인 역할을 했다. 아래 〈표 3〉을 통하여 제1대 부터 제20대 국회의원 선거에서 여성 국회의원 진출 현황을 살펴보았다.

〈표 3〉 역대 국회의원 선거의 여성 국회의원 비율 (단위: 명, %)

구분	선거일	의원정수	남성의원	여성의원
제1대	1948.5.10	200	199	1(0.5)
제2대	1950.5.30	210	208	2(1.0)
제3대	1954.5.20	203	202	1(0.5)
제4대	1958.5.2	233	230	3(1.3)
제5대	1960.7.29	291	290	1(0.3)
제6대	1963.11.26	175	173	2(1.1)
제7대	1967.6.8	175	172	3(1.7)
제8대	1971.5.25	204	199	5(2.5)
제9대	1973.2.27	292	275	17(5.8)[1)]
제10대	1978.12.12	231	223	8(3.5)
제11대	1981.3.25	276	267	9(3.3)
제12대	1985.2.12	276	268	8(2.9)
제13대	1988.4.26	299	293	6(2.0)
제14대	1992.3.24	299	291	8(2.9)
제15대	1996.4.11	299	290	9(3.0)
제16대	2000.4.13	273	257	16(5.9)
제17대	2004.4.15	299	260	39(13.0)
제18대	2008.4.9	299	258	41(13.7)
제19대	2012.5.15	300	253	47(15.7)
제20대	2016.4.13	300	249	51(17.0)

*출처: 중앙선거관리위원회 선거통계시스템, 국회입법조사처 정책보고서 자료(김영일·이정진·조주은, 2014: 8) 재인용

1) 1972년 10월 17일에 박정희 대통령은 대통령특별선언 형식으로 헌법 일부조항의 효력을 정지시키고 비상 계엄 선포, '10.17비상조치' 단행. 국회해산 되고 정당 활동 등 정치활동 금지. 유신헌법선포에 따라 국회의원 정수의 1/3에 해당하는 유정회 국회의원들은 대통령의 추천을 받아 선출했다. 9대 국회의원은 이에 따라 1973년 2월 27일 선출(임지봉, 2012:184-186)했다. 지역구 국회의원은 임기가 6년, 유정회 국회의원은 3년으로 1, 2기 나눠 두 차례 선출했다. 지역구의원 146명중 남 144명, 여2명/ 1기 유정회 73명중 남64명, 여9명/ 2기 유정회 73명중 남67명, 여6명(김원홍·김민·이현출 외, 2003:34). 따라서 엄밀한 의미에서 9대 국회의원 중 여성비율은 1기 5.02%, 2기 3.65% 이다. 위의 본문 〈표 4〉의 통계는 1, 2기 유정회 의원을 합하여 산출한 자료이다.

2표 행사의 힘!
정당명부 비례대표제로 여성 10%대 진입

국내 선거제도가 1인 승자독식 방식인 소선구제를 기반으로 하고 있는 상태에서 여성들이 지역구 선출직을 통하여 진출하기에는 많은 어려움을 뛰어넘어야 하는 상황이다. 비례대표제를 채택한 경우가 소선거구제를 채택한 경우보다 여성들의 당선 가능성이 높다는 경험적 자료가 많은데, 1958년 프랑스는 비례대표제에서 소선거구제로 전환했는데 그 이후로 국회에서 여성의원의 비율이 감소된 바 있다(Enid Lakeman, 1976: 159-162, 손봉숙·박의경, 2000: 38, 재인용). 양당제를 시행하고 있는 미국의 경우보다 다당제이고 비례대표제를 실시하고 있는 스웨덴과 노르웨이의 여성의원 당선율이 훨씬 높다(손봉숙·박의경, 2000: 28).

정당명부식 비례대표의 확대는 여성들의 정치참여를 확대하는 매우 중요한 제도로 작동하고 있어, 소수정당인 진보정당과 여성들은 일치된 이해관계를 형성하고 있다. 2002년 광역비례선거에서 1인 2표제 도입은 진보정당인 민주노동당의 원내 진출에 결정적 역할을 하였듯이 여성들의 정치적 진출에 주요한 제도로 작용했다.

민주화 이후 여성 정치참여 운동 활발

1987년 이후 민주화 운동은 그동안 반독재 민주화 운동이라는 단일한 운동 목표를 노동, 여성, 농민, 청년 등 각 부문의 운동 영역으로 확장시켜냈다. 1980년대 민주화 과정 이후 사회 각계의 정치적 요구가 분출되면서 여성계를 중심으로 정치참여 요구가 확산됐다. 1987년 12월 대통령 선거를 앞두고 여성의 참정권 확대를 위한 목소리가 높아지기 시작했다(김영일·이정진·조주은, 2014: 15). 그러나 1980년대까지는 여성노동기본권과 민주화요구에 여성운동 역량이 집중됐고, 진보적 여성운동 단체를 결성하고 여성을 결집했다. 1980년대 여성운동 진영은 민주화를 위해 정부와 제도정치에 대한 저항하는 대립적 전략에 있었다면, 1990년대 여성운동은 정치적 민주화에 따른 합법적 정치공간의 확대를 통해 제도정치로의 참여를 시도했고 대중적 동원과 저항에 의한 운동방식 또한 정책 지향적 접근방식으로 변화했다(강이수, 2003, 김은희, 2010: 75-76 재인용). 민주화 이후 한국 사회는 대의 민주주의 제도화 과정을 밟아왔고(안숙영, 2014: 3) 이는 여성의 정치참여에 대한 관심을 증폭시켰다.

1990년대 중반 이후부터는 성 중립적인 외양을 가지고 일상생활에서 여성억압을 정당화하던 법·제도의 개선을 당면한 과제라고 보았고, 2000년대 들어 한국 여성운동은 대의민주주의 틀 안에서 제도정치 참가를 통해 남성과 차이가 있는 여성 집단의 권리를 보호하는데 집중했다.

여성의 정치참여에 적극적인 관심을 가지게 되는 계기는 1990년대 지방선거의 부활이다. 국회의원 선거보다 선출 정수가 많은 지방선거에 여성들의 참여 가능성이 높고, 생활정치라는 인식 속에서 여성들의 관심이 높아졌다. 김은희는 이 시기에 대해 지방자치가 부활되고 민선 지방선거가 시작되면서 생활정치에 대한 아래로 부터의 욕구가 강하게 대두되고, 여성들의 정치참여에 대한 욕구가 강하게 분출되는 시기라고 구분했다(김은희, 2010: 76).

세계적 현상이기도 하였지만, 한국에서 여성의 정치참여를 확산시키는데 1995년 베이징 세계여성대회는 큰 분기점을 마련했다. 베이징 세계여성대회를 계기로 여성의 정치적 대표성 확대의 중요성 그리고 할당제가 그러한 목표를 달성하는 가장 빠른 경로라는 담론을 전 세계에 확산시켰다(조현옥·김은희, 2010: 111).

1995년 베이징 세계여성대회 행동강령은 그 목적을 모든 여성의 세력화이며 여성세력화의 핵심은 '모든 인권과 기본적인 자유의 전적인 실현이다'라고 밝히고 있다. 행동강령은 여성의 세력화라는 목적을 달성하기 위해 여성과 빈곤, 여성과 경제, 여성의 교육과 훈련, 여성과 건강, 여성에 대한 폭력, 여성과 무력분쟁, 권력구조 및 의사 결정과 여성, 여성발전을 위한 제도적 장치, 여성과 매체 여성과 환경, 여아동과 소녀 등 12개 영역을 중심으로 54개항의 전략 목표를 설정하고 535개항의 행동 지침을 명기하고 있다. 베이징 세계여성대회 이후 한국정부는 여성 정책 10대과제를 선정, 발표했으며 여성발전기본법을 제정했다(김경애, 1998).

여성할당제 도입을 위한 여성계 활동

할당제에 대한 관심과 연대활동은 1994년 '여성할당제 도입을 위한 여성연대'를 구성하면서 본격화 됐고, 1995년 베이징 세계여성대회 이후 여성발전기본법이 제정됐다. 한국은 유엔여성지위위원회 회원국으로서 유엔 권고에 따라 여성발전기본법 제 15조 2항(정책결정과정 및 정치참여)에 "국가 및 지방자치단체는 다양한 방법을 통하여 여성의 정치참여 확대를 지원하기 위한 노력을 할 것"이라는 내용을 포함하고 있다. 여성발전기본법은 적극적 조치가 가능할 수 있는 법적 근거를 마련했다. 적극적 조치는 누적된 차별, 구조적 차별 때문에 기회의 평등만으로 평등 실현이 어렵다고 보고 차별의 결과로 나타나는 통계적 불균형을 지표로 삼으며 불평등을 적극적으로 교정해 나가는 제도이다(김경희, 2000: 107).

1998년 지방선거를 앞두고 '여성정치네트워크' 역시 정치관계법에 여성 대표성 확보를 위한 공청회를 개최하고 정당에 공천할당제 도입하도록 압박하는 활동을 했다(김원홍 외, 2001, 조현옥·김은희, 2010 재인용). 2000년 2월 정치관계법을 개정하면서 여성후보 공천할당을 처음으로 정당법에 명시했다. 한국에서 할당제는 단순한 여성 참여를 넘어 민주화의 한 과정으로서 또 젠더정치학의 실현이라는 의미를 지니고 있다(조현옥·김은희, 2010: 111-112).

2002년 지방선거를 앞두고는 '여성정치연대'가 결성되어 각 당의 정치 개혁특위 위원장들과 '정치관계법' 관련하여 논의하여 비례대표에 여성 50% 할당 규정과 지역공천에 30% 할당 규정을 원칙적으로 합의했다. 아래 〈표 4〉를 통하여 할당제 제도화를 위한 여성단체 연대활동이 활발하게 전개되었음을 알 수 있다. 2010년에는 남녀동수연대를 구성하여 지방선거에서 남녀동수 제도화에 대한 제안서와 성명서를 전달했다.

〈표 4〉 할당제 제도화를 위한 여성단체 연대활동 및 법·제도 변화

시기	중심단체	주요활동	법·제도 개선
1990년 이전	한국여성단체 협의회 등	여성할당제 건의	
1994년	할당제도입을 위한여성연대 (54개 여성단체 참여)	- 국회여성특별위원회 초청 간담회 - 1995년 지방선거에 여성공천 20%, 광역의원비례대표 10% 도입 및 여성 50% 공천촉구 - 15대, 16대 총선에서 비례 대표직 여성 30% 할당 촉구	
1995년			① 여성발전기본법제정: 1995. 잠정적 우대 명시
1998년	여성정치네트워크(여성유권자연맹, 여성정치문화연구소등)	- 정치관계법에 여성대표성 확보를 위한 공청회 개최 및 정당에 공천할당제 도입 촉구	
2000년	한국여성유권자연맹 여성정치세력민주연대	- 여성후보 추천운동 - 정치관계법 개정 건의	① 정당법개정: 2000.2.16 신설 - 제31조(공직선거후보자의 추천) 정당 비례대표 후보자중 100분의 30 이상을 여성으로 추천하여야 한다.

시기	중심단체	주요활동	법·제도 개선
2002년	여성정치연대 (여성정치세력 민주연대, 한국여성유권자연맹, 한국여성정치연맹)	- 각 당 정치개혁특위원장과 토론회 개최 및 원칙합의 도출 - 비례직 50%, 지역선출직30% 할당 등 정치관계법안 국회정개특위에 제출 및 위원장 면담	① 정당법개정: 2002.3.7 신설 - 비례대표 후보자 중 100분의 50이상을 여성으로 추천하되, 시도비례후보자 명부순위에 따라 2인마다 여성 1인 포함 - 여성추천보조금 신설 ② 공직선거 및 선거부정방지법 개정
2004년	총선여성연대 (여성단체연합, 여성단체협의회 등 전국 321개 여성단체 연대체) 맑은정치여성네트워크(개인중심참여)	- 정치관계법 개정안 범개협에 제출 - 비례대표의석 감소에 대한 반대활동 및 증가운동 - 여성국회보내기 추천운동	① 정치자금법 개정: 004.3.12 - 추천보조금 개정 ② 정치자금법 개정 -정책연구소 지원금 100분의 10은 여성정치발전 위해 사용.
2005년			① 공직선거법 개정 2005.8.4 - 비례대표 후보자 중 100분의 50 이상을 여성으로 추천하되, 매 홀수에 여성 추천하여야 한다. - 지역구 총수의 100분의 30이상을 여성으로 추천하도록 노력하여야 한다.(신설)
2006년	여성단체연합, 여성단체협의회등 8개단체	- 정치개혁협의회에 의견서 제출 - 기초의회 남녀동반선출제 요구	

시기	중심단체	주요활동	법·제도 개선
2010년	남녀동수연대 (여성단체연합,여성단체협의회, 여성정치세력민주연대 등 400여 개 단체 참여)	- 지방선거에서의 남녀동수 제도화 작업 - 토론회및 정개특위위원장 면담 - 제안서 작성 및 성명서 전달	① 공직선거법: 2010.3.12 신설 - 지방의원 선거중 어느하나의 선거에 국회의원 지역구(일부제외)마다 1명이상을 여성으로 추천하여야 한다. - 지역구 여성할당 위반 등록시 모두 무효. 그 지역구(기초,광역의원) 정수 합한 수의 100분의 50에 해당하는 수 미달 경우, 그 여성후보자 등록 무효된 경우 제외한다.
2018년	- 성차별 해소를 위한 개헌 여성행동 - 헌법개정여성연대 등 여성계 공동 활동 추진	- 성평등 개헌 - 남녀동수 공천제 추진	2018. 4. 6 공직선거법 제52조 개정 - 비례대표 50% 여성 할당과 홀수 번호 부여 위반 시 수리 불허 및 등록 무효 대상을 국회의원선거로 확대 (2020년 총선 적용)

* 출처: 한국여성정치할당제 제도화 과정 10년의 역사적 고찰(조현옥·김은희, 2010: 126) 할당제 제도화 여성단체 연대활동과정 표 재구성.

빠른 경로,
여성할당제 도입

선출직·임명직 30% 이상 여성할당 당헌 제정

민주노동당은 2000년 1월 29일에 창당대의원대회를 개최했으며, 1월 30일에는 창당대회를 개최하여 공식적으로 출범했다. 민주노동당은 진보정치 지향과 진보정당으로서 역할을 분명하게 표방했다. 민주노동당의 창당과정은 선진 노동자 중심의 민중당 등과는 달리 대중적 노동조합의 전국 조직인 전국민주노동조합총연맹(약칭 민주노총)의 적극적인 결의를 기반으로 추진됐다. 민주노총이 노동자 정치세력화에 대한 관심을 가지게 되는 결정적인 계기는 1996년 12월 25일 새벽에 날치기로 통과된 정리해고를 포함한 노동법 개정과 안기부법 개정에 항의하여 전국적인 총파업이었다. 민주노총은 1996년 12월 26일부터 1997년 1월 17일까지 24일간 총파업 투쟁을 전개했으며, 이 총파업은 최초, 최대의 정치 총파업이었다. 당시 파업 참가 누적 규모는 모두 3,206개 노동조합 359만 7,011명이었다.[9] 민주노총은 이러한 사상 최초, 최대의 정치 총파업에도 불구하고 국회에서 노동자들을 대변할 수 있는 정치세력이 아무도 존재하지 않는 상황에 대한 한계를 절감하게 됐다. 마침내 민주노총은 노동자 정치세력화와 정치참여에 적극적인 관심을 가지고 1997년 3월 27일에 개최된 민주노총 제2기 대의원대회에서 "민주노총은 … 우리 사회의 민주적 개혁을 실현하고 노동자의 이익과 요구를 철저히 대변하는 새로운 정당 건설의 토대를 구축한다. 이를 위해 민주노총은 … 98년 지자체

9) 참세상, 2012. 1. 19, "노개투 총파업, 총파업만 투쟁이라는 트라우마 던져"

선거 대거 진출 → 98~99년 건설 → 2000년 국회원내 진출을 목표로 하는 정치세력화 사업을 힘차게 전개해 나간다"는 정치방침을 결정했다(최기영,2009).

민주노총은 이러한 정치방침 결정에 따라 1997년 10월 26일에 '민주와 진보를 위한 국민승리21'(약칭 국민승리21)을 결성했다. 국민승리21은 1997년 12월에 치러진 제15대 대통령선거에 당시 민주노총 위원장이었던 권영길을 국민승리21의 대통령후보로 출마시켰다. 2000년 1월30일 민주노동당으로 정식 창당하기까지 일련의 과정은 아래 〈표 5〉 주요 추진일지를 통하여 알 수 있다.

〈표 5〉 민주노동당 창당 주요 추진일지

- 97. 8. 27	민주노총 2기 대의원대회에서 정치방침 결정
- 97. 9 .7	국민승리21 준비위원회 발족식 및 후보 추대
- 97. 10. 26	민주와 진보를 위한 국민승리21 결성대회
- 97. 12. 28	15대 대통령선거 (권영길후보. 30만 6천표 득표)
- 98. 5. 20	민주노총 임시대의원대회
- 98. 6. 4	지방선거에서 국민승리21, 민주노총 후보단 23명 당선
- 99. 1. 25	진보정당 창당 제안 제1차 원탁회의
- 99. 2. 8	전국빈민연합(준) 대표자회의
- 99. 3. 9	민주노총 중앙집행위원회
- 99. 3. 14	진보정당 창당 제안 2차 원탁회의
- 99. 4. 18	진보정당 창당 추진위원회 결성대회
- 99. 6. 13	진보정당 창당 추진위원회 2차대회 (운영위원 여성30% 할당제 도입)
- 99. 8. 29	진보정당 창당 준비위원회 결성대회(발기인대회)
- 99. 9	지역조직 건설, 중앙위원 선출. 여성중앙위원 30% 배정·선출
- 99. 10. 8	제1차 중앙위원회
- 99. 10. 27	제2차 중앙위원회
- 2000. 1. 29	창당 대의원대회(관악 구민회관)
- 2000. 1. 30	창당대회(올림픽공원 역도경기장)

*출처: 최기영(2009), 『나의 사랑 민주노동당 - 민주노동당 10년의 기록』. 533쪽, 민주노동당 창당 경과에서 표 재구성

민주노동당은 대규모 제조업 노동조합과 각종 사무직 노동조합의 총연합체인 민주노총, 빈민연합 등 대중조직이 중심이 되었고, 각계 인사와 정파가 연합한 형태로 창당했다. 민주노동당이 여성할당제를 앞서서 제도화 할 수 있었던 것은 '진보정치'를 표방하고 '진보정당'을 자임한 정당의 지향과 성격이 크게 작용했다. 민주노동당에서 여성할당제가 공식적으로 제기된 것은 1999년 6월 13일에 세종문화회관에서 개최된 제2차 진보정당 창당 추진위원대회였다. 또한 당헌은 2000년 1월 29일에 열린 창당 대의원대회에서 제정됐으며, 모든 선출직과 임명직에 30% 이상 여성할당을 적용하기로 명시했다.

여성할당제 최초 제기

여성할당제를 둘러싼 당시 국내 상황은 1994년에 국내 54개의 여성 단체들이 '할당제도입을 위한 여성연대'를 구성되어 비례대표직 여성 30%할당을 촉구하는 운동이 전개됐다. 또한 1995년 베이징 세계여성대회이후에는 그 영향으로 여성발전기본법이 제정되어 잠정적 우대 조치가 명시되면서 적극적 조치가 가능한 사회적, 법제도적 환경이 조성됐다. 이러한 국제적, 사회적 배경 속에서 여성할당제는 여성의 주요한 요구로 등장했다. 민주노동당 여성할당제의 특징은 당시 여성계가 비례대표직을 중심으로 치중됐던 반면에 민주노동당은 당직, 공직 등 모든 영역에서 선출직과 임명직에 여성할당제를 추진했던 점이다. 구체적으로 여성할당제를 최초 제기하고 도입하는 과정은 다음과 같다.

민주노동당은 민주노총의 조직적인 결의에 기반하여 창당했으며, 민주노총이 상당한 발언권과 영향력을 가지고 있었다. 민주노동당 여성할당제를 초기 추동했던 힘은 두 갈래의 방향에서 추진됐는데, 하나는 민주노총 여성사업 담당자들이고 또 하나는 민주노동당내 여성 활동가들이었다.

당시 민주노총 여성국장 김진선은 민주노동당 창당을 앞둔 1999년 진보정당 추진위원회에 최초로 여성할당제를 공식적으로 제기했다. 민주노총 여성위원회는 1999년 4월부터 1년간 '노동조합 내 의사결정기구의 여성참여 확대방안'을 조사 연구하는 사업을 추진했다. 이 연구는 노동조합 내 여성 대표성 실태를 파악하고, 저조 원인 진단과 더불어 확대 방안을 연구했다. 이 과정에서 노동조합 내 여성의 대표성 재고를 위한 독일, 스웨덴 등 서구 사례를 연구했고, 여성의 대표성을 높이기 위한 주요 전략으로 여성할당제를 정책으로 제안했다.

이 연구과정에는 민주노총 산하 연맹과 지역본부의 여성담당자가 결합했으며, 외부 전문가로 정현백, 정진주, 김미경이 함께했다. 민주노총 여성간부들은 이 과정을 통해 여성할당제에 대한 인식과 적용에 대한 의지를 높였다. 또한 이 연구 사업은 독일 사민당의 연구재단인 프리드리히 에버르트 재단의 후원을 받아 진행된 사업이었다. 당시 민주노총의 형편은 재정적으로 열악했고, 여성 사업에 대한 투자가 부족한 상태였다.

김진선은 1999년 6월 13일 진보정당 창당추진위원회 2차 대회를 앞두고 열렸던 민주노총 정치위원회에 참석하여 최초로 여성할당제를 제기했다. 김진선은 민주노총 여성위원회의 조직적인 논의보다는 민주노총 여성위원회에 참여하고 있던 대학노동조합 여성 사업담당자 김은주로부터 문제 제기를 받았다. 김은주는 창당을 준비하는 진보정당추진위원회에 민주노총 파견 운영위원 25명이 모두 남성으로 구성되고 있는 점을 지적했다. 김진선은 이러한 문제 제기에 동의하고 민주노총 정치위원회에 참석하여 여성할당을 요구했다. 당시 상황에 대하여 민주노동당 자유게시판에 올라온 글[10]은 이를 생생하

10) 펌돌이, 2004. 5. 31, 민주노동당 홈페이지 자유게시판 게재 글, "〈펌〉 김진선을 생각하면 악몽이 떠 오른다". 현재 민주노동당 홈페이지는 폐쇄된 상황에 있다.

게 적고 있는데, 여성할당제라는 예기치 않은 문제 제기로 인하여 불편한 남성 간부들의 모습과 반감이 드러나고 있다.

"6월의 태양은 뜨거웠다. 명동성당 마당 나무 그늘 아래 따가운 햇볕을 피하며 민주노총 정치위원회의는 10일 뒤에 있을 창당 추진위원 대회를 점검하고 있었다. 회의를 시작한지 얼마나 되었을까 멀리서 김진선(당시 민주노총 여성국장)의 모습이 보였다. 정치위원도 아닌 사람이 갑자기 명동성당에 왜 나타났는지 조금은 불안감(?)이 엄습해 왔다. 회의는 3시간여 동안 계속되었다. 지쳐서 갈 만도 한데 계속 죽치며 앉아 있었다. 저건 바쁘지도 않나 속으로 마땅찮았다. 회의가 거의 끝날 무렵 배도 고팠다. 정윤광 위원장(당시 민주노총 정치위원장)께서 김진선을 회의에 참석시켰다. 김진선은 대뜸 "왜 민주노총 운영위원에서 여성운영위원이 한명도 배정되지 않았느냐며 여성 운영위원을 배정해 달라"는 것이었다. 얼마나 배정해야 되냐고 물었더니 30%라고 하였다. "근거도 없이 택도 없는 소리" 나는 속으로 외쳤지만 차마 말은 못하였고 "현재 여성 추진위원이 40여명으로 10%다. 그에 맞는 배정을 요구하라"고 하였다. 다들 한마디씩 해야 하는데 말을 않고 있는 것이 원망스러웠다. 악역 맡는 기분이었다. 민주노총 운영위원이 25명이니 여성추진위원 비율 10%에 맞게 4명을 배정하기로 결정하였고, 김진선은 수긍한 것 같아 보였다. 더 이상 말도 않고 조용히 물러갔다. 나는 그것으로 정리되었다고 생각하였다" (펌돌이, 2004)

김진선은 당시 민주노총 여성할당제도 연구를 통하여 여성할당제의 필요를 인식하고 있었지만 구체적인 이해나 준비는 부족했다. 김진선은 당시 민주노총 정치위원장이었던 정윤광을 만나 협조를 구하기로 했다. 정윤광과는 같은 서울지하철 노동조합 소속으로 평소 알고 지내던 사이였다. 민주노총 정치위원회는 정치 사업을 총괄하는 부서였고, 진보정당 창당과 관련한 대화 창구를 담당했다. 김진선은 민주노총 정치위원회 회의가 열리는 명동성당을 찾아 여성할당제를 읍소하여 진보정당 추진위원회 운영위원 25명 중에서 4명을 여성으로 배정받았다. 김진선은 당시 상황에 대하여 다음과 같이 증언했다.

> "내가 거길 갔어요. 내가 정윤광 위원장이랑 개인적으로 아니까 사정하러 간 거지. 솔직히. 좀 다오. 운영위원을 한명도 배정하지 않아서.. 운영위원을 다오. 근거가 뭐냐. 근거가 없다. 30%를 달라. 근거가 없다. 전체 민주노총 추진위원이 400명중. 여자가 41명인가, 42명인가 있었어요. 거기에서는 10% 배정하면 되지. 맞는 배정을 해야지 하면서 모두 한마디씩 했어요. 민주노총 400명 추진위원 중에서, 여자가 40여명. 그 회의에서 민주노총 운영위원 25명이 내부에서 확정된 거예요. (여성) 추진위원 비율이 10%이니 여성은 4명 운영위원을 가져라. 나는 어떻든 4명을 얻어 온 거야." 〈사례3, 김진선〉

김진선은 민주노총 산하 조직에 여성할당을 배분하는 과정에서 10% 수준의 4명으로는 여성들을 충분히 참여시키기에 턱없이 부족함을 느꼈다. 세종문화회관에서 제2차 진보정당창당추진위원회를 앞둔 6월12일 밤에, 민주노총 여성추진위원 40여명 명의를 차용하여 여성 30% 여성할당제 규약개정 발의안을 준비했다. 김진선은 진보정당창당추진위원대회에 앞서 개최되었던 민주노총추진위원대회에서 여성 30% 이상 할당제를 개정안으로 제출했다. 민주노총 정치위원회는 민주노총 여성들에게 10%에 해당하는 4명만을 할당하면 끝날 것으로 생각했다. 마찬가지로 민주노총 소속이 아닌 다른 남성들도 예상치 못한 상황이었다. 앞의 민주노동당 자유 게시판 글을 다시 인용하면, 여성할당제에 대한 당시 남성당원들의 반대와 여성당원들의 강력한 추진 의지를 확인할 수 있었다.

> "내 소름끼치는 악몽은 지금부터 시작이다. 세종문화회관에서 제2차 진보정당창당 추진위원대회가 오후 2시에 잡혀 있었고 이전에 민주노총 추진위원대회가 앞서 열렸었다. 시작도 좋았고 분위기도 사뭇 신이 났다. 헌데, 당시 권영길 의장이 회순을 통과하려고 할 무렵 김진선이 갑자기 튀어 나오더니, 마이크를 잡는 것이었다. 다들 뭐야? 모든 사람들의 시선이 김진선에게 꽂혔다. 규약개정 발의안을 상정시키겠단다. 발의안의 제안 설명을 들어보니 뭐시라!! 미완의 민주주의가 어쩌구 저쩌구 진보정당 건설의 주역에 여성도 역사의 주인이라나. 글구 북구에는 여성의원이 40%라면 협박(?)을 하였다. 결론은 여성 운영위원 할당제 30%를 규약 개정으로 요구하였다. 난 화가 머리끝까지 섰다. 지난번 명동성당에서 여성운영위원 4명 배정에 동의한 듯 보였는데 사전에 한마디 상의도 없이 해도 너무한다 싶었다. 이건 반칙이었다. 양심이 두꺼운 여자이다. 지하철노동조합 남자들 팀에서 살아남은 여자이니 도통 얼굴도 두

꺼워 보였다. 대회장 안에는 나의 반대 발언에 강하게 반대하는 강적 두 명이 있었다. 전 보건의료 위원장 차수련씨와 지금은 떠났지만 역시 병원노련 전 위원장 김유미씨였다. 김진선은 그 두 사람 찬성발언에 힘입어 한술 더 떠 30%가 적다. 여성인구가 절반이니 50% 하자고 수정동의안까지 제출하려는 듯하였다. 아 이건 말도 안돼. 대회장은 시끄러웠다. 정회를 2번하였다. 차수련씨의 "진보정당 딱지를 떼라"는 말이 귀에 맴돌았다. 이건 반대하면 진보가 아닌 보수로 몰리게 되었다. 분위기가 험악하게 흘러갔다. 전부가 불만이 있는 것 같은데 입을 다물고 있었다. 승리의 여신은 김진선의 손을 들어주었다. 할당 30% 규약개정안은 통과되었다. 나는 끝까지 반대한 사람으로 지금도 회자되고 있다. 김진선은 혁명의 댓가를 톡톡히 치룰 것이라고 누군가 속 시원하게 말해주었다고 나에게 전하였다." (펌돌이, 2004)

회의에 참석했던 차수련, 김유미 등 여성들은 서구의 사례를 들면서 여성들도 정치의 주체로 참여시켜야 하고, 만약 여성할당제를 받아들이지 않으면 "진보정당 딱지를 떼라"고 하며 적극적으로 여성할당제를 요구했다. 이에 맞서 남성들은 여성들의 준비 부족과 자질부족, 시기상조 등을 제기하면서 강력하게 반대했다.

"곰곰이 생각하니 양이 안차는 거야. 내가 밤에 발의안을 준비했어. 단독발의하면 그 대회에서 안 먹힐 것 같아 개인보다 공동발의가 필요한 것 같아. 내가 40여명 여성추진위원 명의로 공동 발의한 거야. 차수련, 김유미 등 대부분 병노련이 많았어. 공동발의 형식으로 공동발의 한 것처럼 꾸민 거야. 회순 저지하면서 민주노총 추진위원 명의로 한 거예요. 민주노총 정치위에서는 끝난 줄 알았는데 황당한거야. 내가 4명을 받아 갔는데, 회순 통과를 정회한 거예요. 그때 마침 차수련, 김유미씨가 참석했고, 차수련씨가 "진보정당 딱지를 떼라"고 하고 김유미씨도 지원 사격을 엄청해 줬어요. 내가 좀 딸렸어요. 근거가 좀 부족했어요. 여성들이 30% 채울 수 있는가? 그 만큼 정치적 능력을 가진 여자가 있느냐. 질 떨어진다는 얘기도 있고. 나중에 50%하자는 얘기도 하고 수정동의안을 제출하려고 했어요. 좀 세게 해서 깎을 수 있다고 생각. 50% 수정동의안 내니까 또 정회했어. 찬반의견을 물어야 하는데 권영길 의장이 정회 신청한거야. 쉬는 동안 많은 상황이 있었지. 출범할 때 통과시키지 않으면, 진보정당이 여성할당을 받아들이지 않으면 개망신이니까. 말은 많았지만 30% 통과되었어요. 그 때 통과 되었어". 〈사례3, 김진선〉

당시 공공연맹에서 여성 사업을 담당했던 심재옥의 증언을 따르면 여성들이 한 목소리로 여성할당제를 제기했다. 비록 충분한 사전 준비나 조직적인 준비 없이 돌발적으로 여성할당제가 제기됐지만, 여성들의 입장은 단호했다. 이들은 "차라리 부결시켜 달라"며 배수진을 치고 여성할당제 통과를 주문했다. 이에 반하여 남성들은 허를 찔린 듯 당황한 모습이었다. 여성할당제 찬반 논의과정에서는 남녀로 간에 치열한 논쟁이 전개되었다.

"그때 민주노총 여성위원회 활동을 열심히 했어. 성차별 규정 만드는 것. 여성노동법 만드는 것. 여성할당제 시행을 준비해 보자고 해외사례를 연구. 민주노총 여성할당 전수조사를 했지. 약 23%가 수거. 아무튼 민주노총 여성위원회 일을 많이 벌였어. 성차별, 여성노동법 일이 컸고. 여성할당제는 짬짬히 연구했어. 여성할당하면 시뮬레이션도 했어. 창당할 때 의도해서 한 것이 아니라. 김진선 국장이 팍 개정안을 제출했어. 현장에 나, 김은주, 차수련, 김유미 등도 있어 치열하게 논쟁했는데, 남녀로 나눠서 치열하게 논의되었어. 우리도 준비되지 않았는데, 남자들이 더 준비가 안 되었지. 취지는 좋은데 준비가 안됐고 하면서 반대... 세차롄가 정회했는데, 권대표가 이걸 다음으로 미루면 어떠냐고 해서 그때 내가 "부결시켜 주세요". 그때 여자들이 물러설 의사가 없다는 것을 알고 통과시켰지. 남자들은 방심하다가 허를 찔려, 당했다고 했어." 〈사례 5, 심재옥〉

민주노동당 창당 과정에서 주요 활동가였던 이근원의 회고[11]의 한 대목을 살펴보면, 당시에 이루어졌던 치열한 논쟁과 그 관점을 파악할 수 있었다. 당시 여성할당제를 주장했던 여성들은 능력이 돼도 여성 스스로 나오는 것은 현실적으로 불가능하다며, 여성들이 정치의 장으로 나올 수 있도록 잠정적 우대 조치인 여성할당제를 제기했다. 또한 진보정당이라면 당연히 여성할당제를 추진해야 한다는 근거를 제출했다. 이에 반해 남성들은 여성의 당 가입 참여 비율에 맞게 순차적으로 추진할 것을 제기하면서, 여성할당제가 능률 저하와 검증되지 않음으로 인한 우려와 많은 부작용 초래 등을 내세워 반대 의견을 제출했다. 결국 이 논쟁은 몇 차례 정회를 거듭한 후에 의

11) 이근원, 2012, 「아빠의 현대사」, 〈레디앙〉

장이었던 권영길의 제안으로 정리됐는데, 권영길의 발언처럼 "사실상 진보정당의 성격을 규정짓는 갈림길"이라는 판단 속에서 여성할당제를 만장일치로 채택하고 마무리됐다. 여성할당제를 채택하는데 있어 "민주노동당은 진보정당"이라는 성격이 주요한 근거로 작용했다.

"1999년 8월 민주노동당 창당준비위원회를 결성했었다. 당을 만들면서 여러 가지 쟁점들이 있었다, 그 중의 하나가 '여성할당제'였다. 언제였는지는 정확하게 기억이 안 난다. 다만 회의가 열린 곳은 세종문화회관 회의실로 또렷하게 떠오른다. 이후 건설될 당의 중요한 결정을 내리는 운영위원에 갑자기 여성들이 중심이 되어 '여성할당 30%'를 배정해야 한다는 안건이 제출되었다. 솔직히 당황스러웠다. 브라질 노동자당은 그렇게 하고 있다는 걸 알고 있었지만 이제 막 만들기 시작하고 있는 당의 초기 모습에서 30%는 무리라고 생각했다. 치열한 논쟁이 벌어졌다. 나는 반대했고, 10년이 지난 지금도 그것 때문에 '반 여성주의자'로 찍혀 놀림을 받곤 한다. 나름 진보적이라고 생각하는 사람도 모든 면에서 그런 것 아니다. 나 역시 그런 한계를 가졌었다. 만장일치로 통과되긴 했지만 돌아보기 위해 당시 발언들은 한번 되돌아 볼 필요가 있다.

김진선(민주노총 여성국장) : 7조 ①항에 여성 운영위원은 전체 운영위원회의 30% 이상이 되도록 하며, 각 단위도 이 기준을 적용한다는 내용을 삽입할 것을 제안한다.

이상범(울산 시의원) : 여성에 30%로 할당한다고 했는데 현재 전체 추진위원 중 여성의 수가 몇 명인지 알고 싶다.

김진선 : 30%를 활동에 근거한, 즉 전체 추진위원 수에 비례해서 한

다는 것은 곤란하다. 인구를 따지면 50% 배정해야 마땅하지만 30%라는 것은 운영위원회 내에서 견제할 수 있는 가장 적절한 수다.

이상범 : 근본 취지 자체를 반대하는 건 아니다. 이 자리에 모인 사람들은 의무조항으로 넣지 않아도 여성에게 동등한 자격과 기회를 인정하는 사람들이다. 규약에 명시하는 것은 우리 자신도 여성차별에 대한 생각을 가지고 있다는 걸 반증한다.

이재기(국민승리21 회원) : 현실적으로 여성들의 정치참여와 사회참여가 제도적 보장을 받지 못하고 있다. 진보적인 생각을 갖고 있는 단체라고 현실에서 그렇게 지켜지고 있냐고 반문하고 싶다.

진한걸(울산 북구의원) : 이렇게 중대한 자리에 왜 여성들은 많이 오지 않았나. 중요한 역할을 해나갈 운영위원을 이런 식으로 배정하는 것은 많은 부작용과 능률 저하를 낳는다. 어떻게 검증되지 않은 사람을 획일적으로 30%를 선출하나.

차유미(매일노동뉴스 기자) : 잠정적 우대조치임을 분명히 말한다. 그동안 여성들이 많이 일해 왔지만, 이런 자리에 올 수 없었던 조건들이 있는 것이다. 여성도 능력이 있으면 오라는 식이 아니라 여성이 적극적으로 참여할 분위기를 만들어야 한다. (10분간 정회 후 속개)

권영길 : 이것이 사실상 진보정당의 성격을 규정짓는 갈림길이라서 고민했다. 원칙적으로 안될 때는 현실적 측면 감안하자. 규약에 여성운영위원 할당 30% 제안을 받아 결정하되, 실천의 문제에서 각 조직의 특성을 감안하자. 이의가 없는가?

전체: 예.

그렇게 만장일치로 결정이 되었다." (이근원, 2012)

그날 추진위원회는 김진선의 예기치 않은 여성할당제 제기로 인해 여성할당제가 최대 쟁점으로 부각됐으며, 이에 밀려 사무총장 후보 추천 경선안을 준비했던 모 정파는 준비한 경선안을 제출하지 못했다. 이에 따라 창당대회에 예정대로 천영세를 단독으로 사무총장 후보로 추천했다는 후일담이 전해지고 있다.

> "여성할당제 때문에 쟁점화 못했데요. J씨가 천영세씨랑 경선하려고 했는데.. 얘기도 못하고...." 〈사례3, 김진선〉

민주노동당 기관지 〈진보정치〉 창간준비 3호[12]에 의하면 "이날 회의에서는 창당 추진위원회의 실질적 대의기구 역할을 하게 될 운영위원회를 구성할 운영위원 58명을 선출했다. 이날 회의 시작부터 세종문화회관 대강당을 2시간 가까이 뜨겁게 달군 화두였던 '여성할당제' 도입과 관련 여성운영위원을 '전체 운영위원 수의 30% 이상이 되도록 한다. 각 단위도 이 기준에 따른다'(규약 7조1항3호)는데 추진위원이 만장일치로 동의함에 따라 진보정당의 진면모와 여성 추진위원들의 열기를 보여주기도 했다"고 기록하고 있다. 당시에 여성할당제는 찬성 반대 의견을 떠나서 진보정당의 진면목을 보여주는 진보적인 여성 정책으로 평가되고 있음을 알 수 있는 대목이다.

김진선의 돌발적인 여성할당제 제기는 위에서 살펴 본 바와 같이 조직적인 사전 준비 또는 공모 속에 진행되지는 않았다. 그러나 오랫

---

12) 민주노동당 기관지, 1999. 6. 21, 〈진보정치〉 창간준비-3호

동안 여성정치 참여에 갈급했던 여성들은 빠르게 공감을 형성하고 적극적인 공동 대응으로 여성할당제를 관철시켰다. 당시 여성 주체들의 대부분은 민주노총 또는 산업별 노동조합 연맹 중앙에서 활동하는 임원 또는 채용직 상근 간부들이었으며, 상당수가 국내 여성계 할당제 요구 움직임과 서구에서 사민주의적 민주노조 운동 정보를 가지고 있었다. 이런 과정을 통해 남성 중심의 조직문화에서 여성들의 사회적, 정치적 진출을 위한 제도로서 여성할당제를 인식하기 시작했다.

민주노총 당시 조직실장이었던 신언직은 민주노동당을 창당하고 운영하는 과정에서 민주노총의 역할이 지대했고, 초기 여성할당제를 도입하는 과정에서 민주노총 여성 간부들의 역할이 높았다고 증언했다. 민주노총에서 활동하고 있는 여성들이 처음 제기할 수 있었던 것은 다른 여성들에 비하여 '민주노총 여성위원회'라는 조직 내에서 여성 활동 경험이 축적됐고, 민주노총의 당내 위상이 반영된 것이었다.

> "2000년도 민주노동당을 창당할 때 민주노동당은 민주노총이 주도적인 역할로 만들었잖아요. 여성할당제를 민주노동당에 처음 거론되는 것은 민주노총 내부 논의가 작동한 것이죠. 그래서 내 기억으로는 다른데서 제기하지 않았어. 민주노총여성위원회에서 발동을 걸어 민주노총 정치위원회 제기하고" 〈사례14, 신언직〉

진보적 여성들의 의기 투합

여성할당제의 시작은 민주노총 여성 활동가들에 의해 제기되고 그 단초가 마련되었다. 민주노총 소속의 여성 활동가는 민주노총을 중심으로 활동하고 있었고, 개인 또는 단체에서 활동하면서 선진적인 의식을 가지고 있는 여성들은 진보정당창당추진위원회 여성위원회 준비모임을 통하여 여성강령과 여성 관련 당헌, 정책을 준비하고 있었다. 이선희는 당시 여성주의 입장의 청년단체 '포럼 2001'의 대표였으며, 청년과 여성을 조직하는 실행위원 역할을 담당했다. 여성주의 입장을 견지한 활동가나 단체가 결합되지 않은 상황에서는 별도에 여성부문 실행위원을 두기 어려웠다. 내적으로 여성 활동가가 참여하지 않은 것은 아니지만 정당의 얼굴로 공식적으로 결합하기 어려웠다. 진보적인 여성단체 활동 여성들은 진보정당보다는 당시에 집권 민주당에, 보수적인 여성단체 활동 여성들은 제1 야당인 한나라당에 주로 결합했다.

민주노동당 창당 준비 초기과정에 결합하였던 여성들은 국민승리21 시절에 권영길 대통령 후보를 지지했던 최순영 전 부천시의원, 김혜경 전 관악구의원, 김지영의사, 박순희 민주노총 지도위원 등이었다. 당의 여성위원회를 준비하고 있던 이선희는 이들을 자문위원으로 결합시키고, 젊은 여성학자로 오유석, 오장미경, 전희경, 조은주을 비롯하여 변영주 감독, 남우희 보리출판사 편집부장, 지역 활동가였던 홍승하, 김우 그리고 비공식적이었지만 여성연합 김기선미, 여성민우회 전은미 등과 교류했다. 이선희 증언으로 통해 당시 초기 여성들의 노력을 알 수 있다.

"진보정당이 구성되려면 적어도 당대표, 부대표 이하 의결기관과 집행기관에 여성들이 참여 해야겠다 생각하고 여성들을 만났어요. 최순영, 김혜경, 김지영, 박순희 연락처를 물어 물어서 제가 그분들을 섭외해서 한자리에 모이게 했고. 이분들은 권영길을 지지했던 여성인사 중에 원로들 섭외한 것인데. 그분들을 두 차례 설득하여 마침내 부대표이하 역할하시겠다고 약속 받았다. 그분들께 사람들을 조직해 오라고 요청했고. 몇 차례 모였다. 젊은 20-30대 여성을 모으기 시작했는데. 실무자로 홍승하, 학계 오유석, 문화계 변영주, 전은미(여성민우회), 김기선미(여성연합) 꼬시고, 오장미경(서울대 강사), 전희경(대학원생), 김우라고 성미산 관련 활동가, 당시 지역청년단체 여성회원, 적극적 활동보임. 조... 너무 중요한 여성인데 연세대 석사과정. 길에서 우연히 내가 유세하는 것 보고 참여하게 됨. 나중에 차정옥.. 대구 여성위원장도 하고 후보도 했음. 노동 분야로 민주노총에서는 김은주, 심재옥, 임혜숙 등이. 농민은 전여농 사무총장이었던 이미자. 내 친구였어. 인천에 이희래도" 〈사례6, 이선희〉

초대 부대표로 영입되어 민주노동당에 참여했던 최순영은 이들의 노력으로 초기 여성위원회 준비모임의 자문위원으로 참여했다.

"이선희 위원장 등 여성들이 만나자고 했어. 선배님 여성 당원이

2,000명인데, 선배님 그 2,000명을 버리겠어요.. 하는 거야. 나는 권영길도 지지 하고 내 하는 일이 당이 아니냐."〈사례8, 최순영〉

이들은 정기적인 모임 또는 역할 분담을 통하여 창당 강령과 당헌, 여성정책을 만들어 냈다. 창당강령은 주로 오장미경과 전희경이 담당했고, 여성정책은 오유석과 김기선미, 오장미경이 역할을 맡았다. 당시에 보리출판사 편집부장을 했던 남우희를 강령준비위원회에 파견하여 여성주의적 입장에서 감시하고 각종 언어 사용에도 여성주의 입장에서 감수하도록 했다. 이러한 활동에 대하여 남성당원들과 일부 당직자들은 여성위원회가 감수기관이냐며 항의하기도 했다.

진보정당의 이론적 토대와 여성주의 입장을 세우기 위한 학습회도 마련하여 외국문헌 및 호주, 스웨덴, 미국 등 다른 나라 정당 활동과 여성할당제 관련 외국사례를 공부했다. 이러한 학습을 통하여 여성할당제가 여성정치세력화를 위한 물적 토대가 될 수 있음을 확신하고 여성위원회 초기 목표로 여성할당제를 설정했다. 또한 문화운동으로 성폭력, 성차별 없는 조직문화를 만들기 위하여 당규를 만들고 적극적인 교육과 선전활동을 전개했다.

당을 중심으로 움직였던 여성들도 여성할당제를 연구하고 여성위원회의 제1과제로 설정했지만, 1999년 6월 13일 개최된 진보정당창당추진위원회 2차 회의에서 여성할당제가 다뤄질 것으로 예측하지 못했다. 민주노총 추진위원회에서 김진선에 의해 여성할당제가 돌발 제기되고 논란이 일어난 것은 예상치 못한 상황이었다. 그러나 이미 여성 내부에서 여성할당제를 학습하고 있었기 때문에 공동으로 대응할 수 있었다. 여성들이 공동 대응할 수 있었던 배경에는 진보정당이라면 여성할당제를 거부할 수 없을 것이라는 강한 기대감도 반영돼 있었다.

"그 당시 입을 맞춘 것은 아니었는데 김진선씨가 돌발 발언 했어요. 심재옥도 발언하고 울산의 석윤수경도 발언하고. 민주노총 사람들이 쌍말을 하고.. 회의가 정회 됐을 때... 이 상황 어떻게 하냐고 (나에게) 물어 왔을 때, 나는 그 상황 그대로 가자. 만약 결정 안하면 진보정당 아니다. 얘기했었다 " 〈사례6, 이선희〉

창당 추진 여성위원회 준비모임에서는 2차 진보정당창당추진위원회에서 여성할당제를 둘러싼 치열한 논쟁 속에서 거친 발언과 행동이 일어난 것을 심각하게 여겼다. 여성들은 이후 개최되는 주요 회의에서는 각 참석자들의 발언을 정리하여 대응하고, 발언 모습을 동영상으로 촬영하기에 이르렀다. 초기 당내 논의에서는 여성을 구별하고 배제하는 성차별적인 발언이 거침없이 진행됐다. 여성위원회에서 추진한 회의 장면 촬영 등의 압박활동은 여성정치 활동의 시작이었다.

"그 때 회의 이후 남성들 발언을 기록하라 했어요. 어느 회의 때 J모씨가 '선출직은 (여성할당제) 좋다. 그러나 집행위원은 전쟁에 총을 들고 나가는 역할인데, 왜 여성들이 하려고 하냐'고 발언해서, 나는 (카메라) 줌을 "당겨 당겨"라고 했죠...." 〈사례6, 이선희〉

초기 여성들은 민주노동당 창당 과정에서 속도감 있게 여성강령을 만들어 내고, 창당 당헌을 마련해 나갔다. 민주노동당 창당 이후 여성위원회가 정식 발족하였으며 초대 여성위원장으로 이선희가 임명됐다. 또한 시·도지부 여성위원장과 노동, 농민, 학계, 여성계 등 부문을 대표하는 여성으로 전국여성위원회를 구성했으며 여성할당제를 추진할 수 있는 여성주체를 형성했다.

최초 30% 이상 여성할당제 채택

1999년 6월 13일에 개최한 진보정당 창당추진위원회 2차대회에서 운영위원 여성할당 30% 규약개정안이 통과된 이후에 8월 29일 여의도 63빌딩에서 6,969명의(최기영, 2009: 117) 발기인이 참석한 진보정당창당준비위원회가 결성됐다. 이 자리에서 치열한 논쟁 끝에 당명을 제정하기 위한 네 차례의 투표가 있었고 민주노동당이라는 당명이 채택됐다. 이 회의에서는 지역과 부문을 나눠 중앙위원을 선출하는 방법을 놓고 논란이 있었으나, 원래 규약대로 지역과 부문을 나눠 중앙위원을 선출하기로 하고 여성 30%를 할당하기로 했다.

당명이 결정됨에 따라 진보정당이라는 추상적인 명칭에서 민주노동당이라는 당명이 반영된 창당 준비과정이 진행됐다. 민주노동당 창당준비위원회는 산하에 당헌당규제정위원회를 구성하고 노회찬을 위원장으로 선임했다. 김진선 증언에 의하면 당헌당규제정위원회 내부회의에서 노회찬 위원장 제안으로 "모든 임명직과 선출직에 여성할당 30% 이상" 조항의 '모든'이 삽입되었다. 창당추진위원회 단계에서는 상무집행위원회, 운영위원회 체제로 구성되어 선출직인 운영위원회에 여성할당을 실시했고, 창당준비위원회 단계에서는 중앙위원회 체제가 도입되면서 중앙위원회까지 여성할당제를 적용했다. 창당 이후에는 대의원체제까지 의결기구를 구성하게 됐다. 이후 1999월 9월에 지역조직을 건설하고 중앙위원을 선출했는데, 각 지역과 부문에서 총 111명의 중앙위원을 선출했다. 여성 중앙위원은 무조건 30%

를 할당하여 선출하게 됐으며, 심상정, 차수련 등 여성 30%가 중앙위원으로 진출했다.

2000년 1월 29일 관악구민회관에서 개최된 창당 대의원대회에서 당헌에 명시된 여성할당제 30%를 적용하는 과정에 대한 수정의견이 제출됐다. 모든 선출직에 대한 문제제기로 대의기구인 대의원과 중앙위원회에만 부분적으로 여성할당제를 적용하자는 것이었다. 아직 준비되지 않은 역량의 문제와 이미 준비된 사람의 뜻을 꺾을 수 있기 때문이라는 것이었다. 창당대회 대의원대회 속기록[13] 에서 토론 참여자 발언을 살펴보면, 여성할당제 적용에 대한 불안감과 문제제기를 알 수 있다. 당시에는 여성할당제가 여성의 정치참여를 위한 제도로 등장했지만, 현실에서 전혀 경험해 보지 못한 생소한 제도였다. 여성할당제 시행을 앞둔 상황에서 불안함이 소극적인 운영을 주문하기도 했다.

"오미숙 : 7조 여성당원 지위와 권리에 수정동의안 제출한다. 모든 선출직과 임명직에서 선출직을 대의기구 즉 대의원과 중앙위원회로 제기한다. 왜냐면 총기치가 여성의 권위와 지위가 보장되는데 사회의 관습과 조건. 조직의 현실을 보았을 때 현재로는 여성당원 30% 할당에 동의하나 분명하게 서술되어야 한다. 선출 범위를 대표.부대표.사무총장. 중앙위원이라고 했는데 선출직은 굉장히 많다. 기관지위원장 등 … 39개 지부가 있는데 전체적으로 보면30% 적용문제가 제기된다. 모든 선출대의기구로 수정동의안을 제출한다.

13) 2000. 1. 29. 관악구민회관에서 열린 민주노동당 창당 대의원대회 속기록

임종철 : 당연한 것인데 표현상 문제가 되는 것인데 1인의 경우 문제가 되고 대의기구같은 경우는 문제가 되지 않는다고 보는데 굳이 논의를 하지 않더라도 빨리 진행했으면 좋겠다.

권 : 예 모두 현실적으로 되고 있는 것 아닌가요?

소문섭 : 선출직 대의기구로 표현하면 실제로 여성의 참여를 더 제한하는 것을 모르는 것 같습니다. 그렇게 되면 전국집행위원회에서도 반영이 안되므로 문구를 잘못이해하고 있는 것같습니다.

이재기 : 토론 종결이 아니라 수정동의안을 철회하라고 요구하겠습니다.

권 : 제안자 측에서 판단하실 문제이니까

김광수 : 국회의원 선출이나 이런 부분을 어떻게 하실지 묻고 싶습니다.

김준수 : 대의원들이 정신을 반대하는 것이 아니라 예를 들면 모든 선출직이면 국회의원 지역구 후보도 선출직입니다. 광역시 지부에서 국회의원을 3인 나간다고 할 때, 할당제를 지키기 위해서 출마할 사람의 의지를 꺾을 수도 있습니다. 그래서 이 문제를 제기하는 바이고요, 따라서 정신을 인정한다면 중앙위의 당규에 따르면 될 것입니다. 임명직의 경우 현재 1명도 없다. 대의원 동지들이 결의만 해주신다면 넘어가도 될 것입니다.

이선희 : 제7조에 관해 문구를 고민 많이 했습니다. 동지들이 이 정신을 다 이해하고 있기 때문에 문구를 고민하는 것이니까요. 그전에 대의기관과 집행기관으로 표현되어 있었습니다. 부대표의 경우도 포함되어야 하므로 즉 집행단위에도 적용되어야 하므로 우려하는 문제는 지부

에서 국회의원 후보의 문제인데 다른 경우에는 문제가 안될 것 같습니다. 지역구 문제의 경우 한 지역에서 한명이 나가면 문제가 없고요, 둘이상일 때 할당이 적용되는 것인데 한 지역의 한 후보가 되었으므로 이것은 할당범위에서 벗어나게 되고요 전체합에서 30%가 안되면 당규를 어기는 것인가? 그렇지 않다. 현재가 가장 합리적이다. 그럼에도 불구하고 남는 문제는 해석의 여지가 있는데 그것은 중앙위원회에서 하면 되기 때문에

권 : 찬반토론에 들어가겠습니다. 수정안에 대해서 찬성하는 대의원?

권 : 원안대로" (민주노동당, 2000)

논의 결과는 수정안 동의자가 없어 원안대로 민주노동당은 "제7조 (여성당원의 지위와 권리) 여성의 정치참여를 확대하고 실질적인 남녀평등을 실현하기 위하여, 모든 선출직과 임명직에 여성당원 30% 이상을 할당한다"를 명시하는 당헌이 통과됐다. 이는 당시 국내에서 여성할당제 관련한 법·제도가 마련되지 않은 상황에서 최초로 당내 제도를 통한 여성할당제를 명시한 사례이다. 민주노총은 제일 먼저 여성할당제를 제기하고 연구했지만, 2001년 전교조에 이어 2002년도에 여성할당제를 도입했다. 2000년에 민주노동당이 먼저 여성할당제를 도입함에 따라 민주노총 내부에서의 제정은 상대적으로 수월한 편이었다.

민주노동당은 창당 선언문[14]을 통하여 "민주노동당은 노동자·농민·빈민·중소상공인의 정당이며, 여성·청년·학생·진보적 지식인의 정

14) 민주노동당, 2000. 1. 29, 민주노동당 창당 대의원대회 자료집

당이다"이라며, 여성 정당으로서 역할을 표방했다. 또한 여성강령[15] 다섯째에 "여성의 정치참여를 가로막는 사회적 조건 자체를 변화시킨다. 할당제를 비롯한 다양하고 적극적인 조치를 도입하고, 고립되어 있던 여성이 자신의 문제를 스스로 대변하고 해결할 수 있도록 여성의 정치세력화를 추진한다. 우리는 여성 억압에 대한 다양한 투쟁들을 더욱 폭넓게 조직하여 정치세력화 한다" 라고 명시하여 적극적 조치로서의 여성할당제와 여성 정치참여를 위한 의지를 담았다.

창당대회에서 당 대회 의장으로는 이덕우가, 부의장에는 최은석, 심상정(여)가 선출되었고, 당대표에는 권영길이, 부대표에는 양경규, 박순보, 노회찬이, 사무총장에 천영세가 선출되었다. 여성 부대표 2명은 공석으로 두고 이후에 선출하기로 했다. 창당대회에서부터 의결기구는 물론 지도부에 여성할당 30% 이상이 적용됐다. 그러나 준비된 여성 부대표가 없어 2000년 6월 외부 영입을 통하여 김혜경, 최순영을 보궐로 선출했다.

보궐로 부대표에 선출된 김혜경은 관악구 1, 2대 구의원을 지냈으며, 빈민운동 출신이었다. 민주노동당 기관지 〈진보정치〉 11호에 의하면 이날 출마에서 김혜경은 "여성이 나서면 안 되는 것이 없다. 여성 스스로 권리를 찾아 세상을 변혁시키는 주체로 나선다는 인식을 가져야 한다. 무엇보다 즐겁게 할 수 있는 운동을 펼쳐서 희망은 내가 만들어간다는 생각을 실천에 옮기겠다"고 말했다. 최순영은 YH 노동조합 지부장 출신으로 부천시 1, 2대 시의원을 지냈으며, 여성노동자운동 출신이었다. 최순영은 "개인적으로 여성할당제 30%에 기

15) 민주노동당, 2000. 1. 29, 민주노동당 창당 대의원대회 자료집

대지 말고, 여성 스스로가 열심히 활동한 것을 바탕으로 여성의 정치를 이뤄내야 한다고 생각한다. 기존 정치의 틀에 소극적으로 참여하는 방식이 아니라 여성이 주체가 되어 새로운 정치를 만들어 나가자"고 결의를 밝혔다.[16] 이로써 당대표단에 여성할당이 적용됐지만, 엄밀하게는 당대표를 제외한 부대표단 6명에 대한 여성할당 30%가 적용된 것이었다. 〈표 6〉은 2000년 한해 민주노동당의 각종 선출직과 임명직에서 여성 30% 할당 선출 현황을 보여주고 있다.

〈표 6〉 2000년 선출직·임명직 여성 30% 할당 선출 현황 (단위 : 명, %)

내용	인원	여성	비율
부대표	6	2	33.3%
중앙위원	92	29	31.5%
대의원	383	116	30.3%

* 출처: 민주노동당 중앙연수원, 2001. 6. 오장미경. '여성과 민주노동당' 표 재구성

여성할당제 실시 이후 할당제 원칙을 지키지 않고 배정된 인원을 모두 남성으로 선출하여 여성 배정 수만큼 사퇴처리한 지부도 있었고, 반면에 배정된 수보다 더 많은 여성이 선출된 지부도 늘어났다. 이로써 "할당제를 실시해도 참여할 여성들이 있겠느냐"는 우려는 기우였음이 증명됐다(홍승하, 2001b: 3-4).

이와 같이 민주노동당 창당 초기 여성할당제 도입 과정에서 불거진 핵심 '논쟁' 점은 당시 전체 당원의 19% 수준의 여성당원 참여라는 조건에서 여성할당 30% 자체에 대해서 반감은 물론, 창당이라는 조건에서 실력 있는 여성, 준비된 여성, 남성보다 나은 여성이 나

16) 민주노동당 기관지, 2000. 6. 16, 〈진보정치〉 11호

올 수 있느냐는 제기였다. 할당제 실시 어디에서나 등장하는 반론이었다. 여성할당제 도입을 놓고 당내 남성들의 반발도 만만치 않았다. "선거에 나올 여성이 있기나 하냐", "30%를 못 채우면 어떻게 할 테냐", "할당제 때문에 능력 있는 남성들이 피해를 보게 된다" 등 소위 '진보적'이라고 불리는 남성들조차 여성할당에 대한 왜곡된 인식 때문에 엄청난 반감을 갖고 있었다. 여성할당제 도입은 그 자체로 여성들의 투쟁의 결과였다(심상정, 2005).

여성들은 "여성의 정치참여를 확대하기 위한 적극적인 조치가 필요"하고, "여성의 참여를 확대하는 것이 진보적"이며, "자리가 사람을 만든다" 등을 제기하면서 여성 정치참여와 여성할당제를 요구했다. 이러한 여성들의 요구에 대하여 진보정당을 내세운 민주노동당에서는 거부할 수 없는 명분이었다. 또한 회의 장면을 촬영하면서 반대를 압박했던 여성들의 치열한 노력은 여성할당제를 만들어 낸 견인차였고, 이후 여성할당제 확장 과정마다 지속적으로 이어졌다.

두 표 차이로 결정된 여성 홀 수 순번제

민주노동당은 국회의원 선거의 1인 선출 소선구제가 유권자의 표심을 대변하지 못하고, 거대 보수 정당에게 유리한 제도라고 비판하면서 독일식 정당명부제로 선거제도를 개혁해야 한다고 주장했다. 민주노동당의 모태인 국민승리21은 '대선거구 정당명부식 비례대표제'를 도입해 선거를 정책과 이념의 대결로 만들려고 했다. 1998년 중앙 선거관리위원회에서는 선거구조 개혁안으로 '전면적 정당명부제' 도입을 제안했으며, 김대중 대통령은 1998년 8월 15일 경축사 '제2건국 선언'에서 정치개혁의 과제로 선거제도를 '정당명부 비례대표제'로 바꾸겠다고 발표했다. 정당 명부 비례대표제는 정치권의 긴급 의제로 떠올랐다(최기영, 2009: 94-95). 또한 민주노동당의 기대도 높았다. 민주노동당은 지역구에서 1인을 선출하는 소선구제 보다는 1인2표식 정당명부 비례대표제를 상대적으로 당선되기 유리한 제도로 인식했다.

이러한 기대감은 2000년 1월 30일 민주노동당 창당대회에서 2000년 4월13일 실시될 예정이었던 16대 총선 방침으로 반영됐다. 정당명부선거에 대한 전당차원의 적극적인 대응을 통해 조직 내부의 정치적, 조직적 통일성을 높이고 조직역량을 강화하기로 결정했다. 지역구와 비례대표에서 의석 확보를 통해 원내 교두보를 마련하고, 여성의 정치참여 확대를 위해 비례대표의 30% 이상을 여성에 할당하며, 특히 명부 3순위 내에 1인의 여성을 배정하겠다는 목표와 후보전술을 채택했다.

비례대표 제도는 2000년 이전에도 전국구 국회의원(전국선거구국회의 원선거후보자)이라고 하여 비례대표를 뽑았지만, 1인2표 정당명부식 제 도가 아니었다. 민주노동당은 창당 이후 1인2표 비례대표제 도입을 위 하여 2000년 2월 15일부터 25일까지 권영길 당대표가 선거법 제·개정 요구 단식농성을 전개했으나 1인2표 정당명부식 비례대표제 도입은 무산됐다(조현연, 2009: 179).

2000년에 치룬 16대 총선에서는 총선시민연대의 낙천·낙선운동이 국민적 관심을 일으켰고, 민주노동당은 노동자 중심도시인 울산 북구에서 당선 가능성을 높게 예측했다. 그러나 울산 북구 선거는 후보경선과 인준과정에서의 많은 논란과 분열로 인하여 실패했다. 2000년 총선에 출마한 후보는 모두 21명이었고, 전원 남성후보였다. 여성위원회는 여성후보를 진출하기 위해서 주요 여성들을 접촉하고 설득했으나 후보로 출마시키지 못했다.

2000년 총선에서 1인2표 비례대표제 도입이 좌절된 이후 민주노동당과 참여연대 등 시민단체는 1인1표제 위헌제청을 제출했다. 이후 헌법재판소 결정에 따라 1인2표 비례대표제는 2002년 지방선거에 최초로 도입됐다. 1인2표 정당명부식 비례대표제는 1인의 유권자가 선출직후보에 대해 1표를 행사하고, 지지하는 정당에 1표를 행사하는 것으로 지지정당 득표율 3% 이상을 얻은 정당에서 공천한 비례후보들이 득표 결과에 따라 당선된다. 이와 같은 정당명부식 비례대표제는 2002년 광역비례후보에 도입됐고, 기초비례후보는 2006년 도입됐다. 국회의원 선거 1인2표 비례대표제는 2004년 선거에서 처

음 적용됐다

민주노동당 여성위원회는 2002년 1인2표 비례대표제에 의한 광역 비례의원 선거제도 도입에 맞춰 여성할당제 홀수 순번 도입을 준비하기 시작했다. 여성 우선 교호순번제를 도입하는 것이다. 심재옥은 당시 상황에 대해서 다음과 같이 증언했다.

> "민주노동당에서 헌법소원을 냈어요. 신장식등이 … 그 취지가 자기가 찍은 표가 1등이 안되면 모두 사장되는 것은 국민취지를 사장하는 거고. 민주노동당이 처음 생길 때부터 추진했어요. 2000년 총선을 거치면서, 그 때 선거 나간 사람들이 헌법소원을 냈고. 2002년부터 비례대표제가 시행되는 역사적 일이 있었지. 여성들은 이런 비례대표는 여성, 장애인등 사회적 소수가 정치적 대표성을 가지는데 써야 한다고 적극적으로 제기했어요" 〈사례5, 심재옥〉

홍승하 글에 의하면 여성위원회는 비례후보 홀수 순번을 도입하는 과정에서 많은 반대에 맞서 다른 나라와 정당의 사례를 근거로 제출했고, 회의장에서 발언자들의 발언을 촬영하고 진보정당에서 부결시키면 망신이라며 압박했다.

> "이 도입과정은 비록 진보정당이고 소수정당이라 해도 많은 반대 의견에 봉착하였다. 여성위원회가 안을 만드는 과정에서 여성위원회 내부 논란부터 시작되었다. 민주노총 입장을 대변해야 하는 여성의 반대도 있었고 지역사정 때문에 반대하는 여성도 있었다. 그 다음은 대표단, 상무

집행위원회였다. 전국 집행위원회를 거쳐서 중앙위원회까지 안건이 올라가는 과정 모두가 철저한 난관이었다. 이 과정에서 수많은 근거 없는 반대논리에 맞서 싸웠고 외국사례, 다른 정당 사례를 들이대기도 하였으며 '진보정당에서 이 정도를 부결시키면 망신이다'고 협박하며 설득했다. 모든 중앙위원들에게 일일이 전화통화를 하여 사전 토론을 하고 설득하며 표 계산을 했고 회의장에서 직접 주변 사람들 표 관리를 했고 비디오 녹화까지 해서 투표 행위에 압력을 가하기도 했다"(홍승하, 2005).

민주노동당 여성위원회는 창당 준비시기에 준비모임으로 여성할당제 당헌을 도입하는 과정과는 다르게 정식으로 여성위원회로 출범했기 때문에 당내 정치에서 여성 주체로 나설 수 있었다. 여성위원회가 중심이 되어 비례후보 여성 홀수 순번 도입을 사전에 준비하게 됐다. 여성위원회에서는 민주노총 내 최대 조직이면서 제조업 남성 중심 사업장이 많이 모여 있는 전국금속노동조합의 반대를 예상하고, 전국금속노동조합에서 당시 사무처장을 하고 있는 심상정을 여성할당 찬성 발언자로 조직했다. 당시에 민주노동당 부대표이면서 여성위원회를 담당했던 최순영의 증언에 의하면, 여성들의 조직적인 회의 준비를 확인할 수 있다.

"그래서 도 단위 여성위원회를 만들고 여성당원도 늘리고 활성화했지. 지방선거 앞두고 비례홀수 준비했어. 그거 하는데 있어서 우리끼리 몇이 모여서 계획을 논의했는데, 누가 심상정도 염려된다고 했는데, 아주 적극적으로 찬성발언 해줘서 좋았어" 〈사례8, 최순영〉

심재옥 증언은 이미 당헌상 여성할당제를 명시한 상황에서 비례 후보 홀수 순번 확보는 상대적으로 논란이 적었다고 기억했다. 그러나 투쟁하는 노동자를 대변하기 어렵다, 중요한 자리이기 때문에 어렵다는 등의 반대에 부딪혔다.

"비례대표 관련해서 2라운드였어. 이때는 당 여성위 차원에서 안건을 제출한 거야. 그때도 거의 똑같은 논리로 대립했는데. 투쟁하는 노동자들을 대변하는 것이 어렵다. 이렇게 중요한 것을 … 뭐 이런. 그렇지만 대세가 있어 됐지. 처음보다는 덜 저항했어. 그때는 적어도 누가 찬성 발언을 할 것이고 보조발언을 할 것인지 짜서 참가했지." 〈사례5, 심재옥〉

신생 정당으로서 당력이 확인되지 않은 취약한 조건에서 당선 가능성은 비례 1번을 확보하는 것이었다. 1번을 누가하느냐가 주 관심사였다. 당시 여성위원장이었던 이선희의 증언을 살펴보면 여성할당 50%에는 동의하는데, 1, 3, 5, 7 홀수 순번을 여성에게 할당할 것인가, 아니면 2, 4, 6, 8 짝수 순번을 할당할 것인가가 주요 쟁점이 되었다. 여성할당제 30% 도입 과정과 마찬가지로 논란이 발생했고, 반대가 조성됐다. 그러나 당시 지도부였던 권영길 대표와 노회찬 부대표, 천영세 사무총장 등은 여성위원회 요구를 지원하는 입장을 취했다.

"1, 3, 5, 7번 말고 2, 4, 6, 8번으로 가자는 의견… 1번 밖에 안될 것

같으니까 2, 4, 6, 8 짝수 주장했지. 1번을 둘러싼 논쟁이죠. 최소 1명이 될 수 있다. 그 사람들 논의죠. 암튼 이 논의는 앞의 논의보다는 쉬운 일이었죠. 위에서 정리하면. 권, 노 등은 초기에 여성위에 의견을 구하고 여성위 의견을 경청했고" 〈사례6, 이선희〉

2002년 3월4일, 민주노동당 중앙위원회는 정당사상 최초로 비례후보 1, 3, 5 홀수 순번을 여성으로 배정하는 방침을 결정했다. '광역의원 비례대표 명부의 50% 이상을 여성으로 하고, 명부 순위 1, 3, 5 홀수 번호를 여성으로 한다'라고 결정했다. 당시에 여성에게 비례후보 홀수 번호를 부여한 것은 국내 정치사상 처음이었다. 민주노동당 여성할당제 실행은 계속적으로 국내 정치에서 모두 최초의 사례를 만들어 내었다. 2002년 지방선거를 앞두고 실시된 각종 여론조사 결과 광역시도별로 1석 정도가 당선 가능성이 있는 것으로 나타났다. 그런데 그 1석을 모두 여성에게 주자는 것이니 남성들이 가만히 있질 않았다. 노골적으로 "여성이 아니라 능력 있는 사람이 되어야 한다"는 식의 성차별 의식을 드러내는 이들도 적지 않았다(심상정, 2005). 민주노동당 여성지방의원들의 이야기를 담은 책 『아름다운 왕따들』에서 심상정은 당시를 다음과 같이 기억했다.

"지역별로 한 명씩밖에 당선이 안될텐데 전부 여자들에게만 배정하는 건 역차별 아니야" "여성할당보다 더 중요한 게 당이다. 솔직히 그 역할을 맡길 만큼 검증된 여성들이 있는가?" "민주노동당으로서는 종자돈이라고 볼 수 있는 데 훈련도 되지 않은 여자들한테 다 맡기는 것은 당을 위해 바람직하지 않다"

"실제하려고 나서는 여자들도 없다"

"훈련된 여성, 준비된 여성이 적은 것은 사실입니다. 자리가 사람을 만든다고 하는데, 그동안 이 사회에서 여성들이 훈련을 쌓을만한 자리를 준 적이 있나요? 여성들을 훈련시키는 가장 좋은 방법은 바로 자리를 주는 것입니다"

"그런 주장은 가진 것 없고 가방 끈 없는 노동자들이 정치는 무슨 정치냐는 식의 논리와 똑같은 거 아닌가요"

"잘못된 차별을 시정하고 소수자들이 대접받는 사회를 만들자는 게 진보정당이 추구하는 것이 아닙니까? 훈련된 여성이 없으니까 비례대표 못 맡긴다는 주장이야말로 잘못된 현실을 인정하자는 것, 지키자는 것, '보수'하자는 것 아닙니까" 결국 단 두표 차이로 관철되었다." (권은정, 2006)

비록 많은 반대와 논란은 있었지만 여성위원회 중심의 준비와 당 상층 지도부의 지원 속에서 비례후보 여성 홀수 순번 여성할당 50% 이상 실시 제도는 참석 중앙위원 51명 중 28명 찬성으로 통과됐다. 2표 차이로 채택됐다. 또한 이는 처음 실시되는 정당 비례투표제의 당선 가능성이 예측되지 않은 상황에서 상대적으로 저항이 적었던 현실도 작용했다. 당시 민주노총 정치국장이었던 신언직의 증언을 살펴보면, 당선 가능성에 대한 불투명한 예측이 내부 경쟁 또는 저항을 약화시켰다.

"헌소에서 승리하여 비례대표 도입했는데. 당시 순번이 법으로 정해지지 않았을 때. 우리는 홀수 번을 여성으로 하기로 정했어. 그 당시 비례대표가 많이 당선된다면 논의가 더 논란이 되었을거야. 당선을 많이 예측하지 못했어요." 〈사례14, 신언직〉

당선 가능성이 적다고 생각했던 것은 심재옥의 증언을 통해서도 알 수 있는데, 특히 최대 지분을 가지고 있는 노동조합에서는 관심이 적었고 정당 활동보다는 노동운동이 중시되는 상황에서 후보 출마에 대한 관심이 적었다. 이러한 조건은 상대적으로 여성할당제 추진에 대한 저항을 약화시키는 조건으로 작용했다.

"그 당시에 당선가능성을 예측하지 못했어. 신장식 등 당 활동하는 사람들은 당선 가능성을 점쳤고, 노조에서는 전혀 관심이 없었어. 그래서 누가 출마하기도 어려웠어" 〈사례5, 심재옥〉

민주노동당의 비례 홀수 순번 채택에 따라 모든 출마 지역 광역 비례후보 1번은 여성으로 후보등록을 하였고, 그 결과 2002년 지방선거에서 여성 광역 비례 시·도의원 9명을 당선시켰다. 전국 정당 득표율 8.13%로 134만376표를 득표하여 민주노동당이 자유민주연합(자민련)을 제치고 제3당으로 부상했다. 여성 광역 비례의원 9명은 고수정(강원), 김민아(전북), 박미진(경기), 박주미(부산), 심재옥(서울), 윤난실(광주), 이경숙(경남), 전종덕(전남), 홍정련(울산)이었다. 비례후보 명부의 1순위가 여성인 관계로 당선자는 모두 여성이었다. 그 중에서도 간호사 출신으로 보건의료노동조합 조합원이었던 박미진, 전종덕이 후보로 출마하여 당선됐는데, 이는 처음 실시하는 비례대표 광역시·도의원의 출마 희망자가 적어 여성이 많은 민주노총 보건의료노동조합을 집중 설득한 결과였다(최기영, 2009: 256).

당선된 9명의 여성 광역의원들은 초기 의정활동부터 모두 최우수 의원으로 각 시·도에서 활약하여 여성 자질론 우려에 쐐기를 박았다. 민주노동당에서는 9명의 비례의원 배출 이후 더 이상 여성의 자질 부족을 근거로 여성할당제 확대를 반대하지 못했다. 다만, 후보로 출마할 여성이 부족하다는 근거를 제출할 뿐이었다.

한편, 여성계 노력의 결과로 2000년 2월에는 정당법 개정을 통하여 공직선거 후보자의 추천에서 정당 비례대표 후보자중 30% 이상을 여성으로 추천해야 한다는 규정이 신설되었고, 2002년 3월에는 비례대표 후보자 중 50% 이상을 여성으로 추천하되 명부 순위에 따라 2인마다 여성 1인이 포함되어야 한다고 법 개정이 이루어졌다. 그러나 이러한 법 개정은 각 정당을 강제하는 강제력을 가지지 않아 실효성이 떨어졌다. 이에 대해 최현숙은 기고를 통해 여성 3.2% 당선이라는 2002년 지방선거 결과를 거론하면서 강제력 없는 법·제도 운영의 문제점을 지적했다.

"'여성 정치세력화 원년'을 외치며, 2002년 지방선거를 앞두고 여성 정치계는 도약을 꿈꾸었다. 우선 지난 2월 정당법 개정을 통해 광역비례대표 여성 50% 할당과 지역구 공천 여성 30% 할당 권고 조항을 따냈다. 여성정치학교, 여성 후보자 교육, 여성 후보 자원봉사자 교육, 여성 후보자 대회, 여성 유권자 대회 등 할 수 있는 건 다했다 싶었다. 선거 전 설문조사에서도 여성 정치인에 대한 유권자들의 의식은 상당히 고무적이었다. 단지 여성이라는 이유 때문에 정치에서 소외되는 시대는 마침내 지난 듯했다.

하지만 예선이 시작되자마자 여성들은 뒤통수를 얻어맞았다. 지역구 공천 여성 30% 할당은 단지 권고조항이어서, 어느 당도 지키지 않았다. 예선에서 수두룩이 걸러졌으니 본선 결과도 기대할 수 없었다. 전체 후보 1만9백18명 중 여성 후보 394명으로 3%, 전체 당선자 4,415명 중 여성 당선자 142명으로 3.2%. 이것이 이번 지방선거에서 수치로 확인된 한국 정치의 저급한 현실이다" (최현숙, 2002)

국회의원 비례후보까지 여성은 홀 수번

2004년 국회의원 선거를 앞둔 2003년 3월 정기 당대의원대회는 국회의원 비례후보에 대한 홀수 순번 당헌을 도입했다. 또한 당대의원대회는 비례대표 후보 여성할당을 기존 30%에서 50% 이상으로 확대한다는 내용의 당헌개정안을 통과시켰다. 이에 따라 개정 당헌은 제52조(국회의원 후보) ②항에 국회의원 비례대표 후보에 대하여 당원직선으로 선출하고, 여성에 50% 이상을 할당한다고 명시했다. 선거관리 당규는 제18조 (공직후보자 중 여성후보의 수) ①항에 당이 선출할 비례대표 국회의원후보자 및 비례대표 지방의회의원후보자 중 1/2 이상은 여성으로 하되, 여성에게 정당명부의 홀수 순번을 부여한다고 개정했다.

당시 중앙선관위가 국회의원 비례대표 후보의 50%를 여성으로 추천하는 선거법 개정안을 국회에 제출한 가운데, 여야 정치권이 총선을 앞두고 여성층 지지 확보와 여성정치인 발굴에 주력했다. 그러나 다른 정당들은 민주노동당과 같이 당내 제도로 채택하지 않았으며, 여성 홀수 순번을 적용하지 않았다.

민주노동당은 2004년 4월13일 선거에서 10명의 국회의원을 당선시켰다. 지역구에 출마하여 당선된 경남 창원(을) 권영길과 울산 북구 조승수를 포함하여 13%의 정당지지 득표를 통하여 〈표 7〉과 같이 비례대표 8명을 당선시켰다. 여성들은 지역구에서 당선되지 못했고, 비례를 통하여 4명이 당선됐다.

〈표 7〉 민주노동당 제17대 비례대표 국회의원 당선자

이름	추천순위	출신 및 주요경력	성별
심상정	1번	노동운동/ 전국금속노동조합 사무처장, 당대회 부의장	여
단병호	2번	노동운동/ 전노협위원장, 민주노총 위원장	남
이영순	3번	지역운동/ (전) 울산 동구청장, 당 울산시지부 여성위원장	여
천영세	4번	노동운동/ 당 사무총장, 당 부대표	남
최순영	5번	노동운동/ 당 부대표, 부천시시의회 1, 2대의원	여
강기갑	6번	농민운동/ 전국농민회총연맹부의장, 사천읍 농업협동조합 감사	남
현애자	7번	농민운동/ 전국여성농민회총연합 제주도연합회장, 전국여성농민회총연합 남제주군농민회장	여
노회찬	8번	정당운동/ 당 사무총장, 매일노동뉴스 발행인	남

* 출처: 중앙선거관리위원회 역대선거정보시스템 재구성

17대 국회의원 선거에서 당선된 심상정, 이영순, 최순영, 현애자가 국회의원으로 등장할 수 있었던 과정을 살펴보면 많은 시사점을 가질 수 있다. 이들의 각기 진출 배경을 살펴보면 민주노동당의 주요 정파[17] 또는 부문의 지지를 배경으로 하고 있었다.

17) 정영태는 민주노동당의 정파에 관한 연구 결과를『파벌-민주노동당 정파 갈등의 기원과 종말』(2011)로 출간하였다. 정파는 '공식조직 내에서 직책등과 같은 권력의 획득이나 정책(입장)의 실현을 위해 경쟁을 벌이는 조직화된 소집단'을 의미한다(Beller and Belloni, 1978: 419; 최한수, 1991a; 호광수, 1996; 정영태, 2011: 13에서 재인용). 정영태에 의하면, 2008년 2월 진보신당이 분리돼 나가기 전에 민주노동당 안에는 민족해방계열 또는 자주파 National Liberation(NL)에 속하는 '자주와 민주, 통일을 지향하는 전국모임'(자민통전국모임)과 민중민주계열 또는 평등파 People's Democracy(PD)에 속하는 '평등사회로 전진하는 활동가연대'(전진), 혁신네트워크(진정추 비전진파), '사회민주주의를 위한 자율과 연대'(자율과연대), 다함께, 노동해방실천연대(해방연)등이 있었다(정영태, 2011: 47). 민주노총을 중심으로 한 노동조합 운동 진영은 크게 국민파, 중앙파, 현장파로 분류하였다. 1980년대 학생운동권내 경쟁구도는 대학생들이 재학중이나 졸업이후 현장 체험을 위해 공장이나 지역사회로 진출하면서 노동현장과 시민사회로 확산됐다(정영태, 2011: 50). 민주노동당은 창당 이전에는 진보운동의 헤게모니를 장악하기 위해 이념·노선과 지지 기반을 둘러싸고 치열하게 경쟁·대립하던 라이벌 정치 운동 단체가 연합해 결성했다. 이들 단체는 창당직후 첫 번째 당직·공직 후보 선거를 치르면서 정파조직으로 변신했고, 이후 당론을 결정하거나 당직선거 때마다 부딪혔다. 2004년 총선에서 10석 을 획득 후 더 빈번 격렬해져서, 결국에는 2008년 2월 임시당대회를 계기로 민중민주계열(PD) 주요 정파가 탈당하여 민족해방계열과 민중민주계열 두 개 조직으로 분리되었다(정영태, 2011: 16-17).

비례후보 1번 심상정은 학생운동을 거쳐 구로공단에서 노동운동을 시작했다. 이후 노동조합 활동을 통하여 전국노동조합협의회(약칭 전노협), 민주노총 건설에 함께 했고 2004년 출마 당시에는 민주노총 산하 전국금속노동조합에서 사무처장을 역임하고 있었다. 심상정은 2004년 국회의원 선거를 앞두고 전국금속산업연맹과 민주노총에서 함께 일한 단병호로부터 출마 권유를 받았고, 당내 정파로는 PD계열과 노동운동 진영에서는 중앙파의 지지를 받았다.

"그때 나는 단병호위원장과 같이 할 때인데, 나는 평생 대중운동을 끝까지 하는 사람도 필요하다고 생각했었다. 우리 주변에 같이 활동했던 절대 다수가 한명 빼고 (국회의원선거) 나가는 게 맞겠다는 의견이었다. 특히 단병호 위원장이 노동운동보다 국회에 나가면 발군의 실력을 발휘할 것이라고 했다" 〈사례4, 심상정〉

심상정이 진보정당의 필요성을 느낀 것은 산업별노동조합(약칭 산별노조) 활동을 하면서 더욱 깊어졌다. 산별노조의 정치적 파트너인 진보정당의 필요를 제기하고 자신이 속해 있던 전국금속노동조합 조합원들이 민주노동당에 참여할 수 있도록 노력했다.

"산별노조운동을 했는데, 사민당과 진보정당은 하나의 세트거든. 산별노조와 연계된 정당 없이 독자적으로 성장할 수 없다는 것을 뼈저리게 느끼던 시절이에요. 산별노조는 사민당과 연계 속에 성과를 내었던 역사적 경험이 있고. 금속노조를 진보 정당 없이 어려웠고. 산별정책을 대변하고 실천할 진보정당 건설에 굉장한 의미를 부여하고, 내 역할에 대해서 개인의 결단보다는 함께 일한 조직 내 공감과 강력한 추천이 있기 때문에 가능했죠. 정치에 대한 중요성을 산별노조와 결합해서..."〈사례4, 심상정〉

비례후보 3번으로 출마한 이영순은 2000년에 울산 동구청장 보궐선거에 당선되어 2년간 동구청장을 역임했다. 학생운동을 마친 후 울산에서 지역운동을 했으며, 2003년 동구청장 임기 후 울산시지부 여성위원장을 역임했다. NL 계열의 전국연합 진영의 지지를 받았다.

"비례 거론되면서 당내에서 경험이 많기 때문에 제안이 왔고. (울산) 지역에서 제의했어. 그래서 좋다고 생각했어요. 내가 생각해도 (구청장) 경력을 개인경험으로 사정시키지 말아야 한다고 생각해서 동의했고.... 내가 할 역할이 있다고 생각했어요. 아무도 경험하지 못한 경험이 있으니까, 역할 할 것이 있다고"〈사례7, 이영순〉

이영순은 3번 순위를 받았지만, 스스로는 꼭 당선될 것으로 예측하지 못했다. 또한 당시 1번을 비롯한 당선 가능성이 높은 앞 순위에 대해서는 관심이 높았지만 당선 가능성이 불투명한 뒤 순위에는 후보를 발굴하기에 어려움이 있었다고 구술했다.

"나도 비례로 출마했지만, 당선될 것이라고 생각하지 않았어요. 비례 출마 자체로 의미 부여했지. 지역위원장 한 사람들은 지역 돌파해야 한다고 생각할 수 있고… 비례대표 후보가 없어서 나중에는 너해라, 너해라 해서 맞췄어요. 그 이후에는 비례를 두고 싸움 있었지만… 나는 3번이다 1번이다 인식이 부족했어요. 1번은 (당선) 되고, 잘해야 3번 예측. 5번까지 낙관한 사람도 있었어요. 그렇게 많이 될 것이라 생각지 못했어요" 〈사례7, 이영순〉

초대 당 부대표로 비례후보 5번 순위를 받았던 최순영은 70년대 YH노동조합 지부장 출신으로 오랫동안 여성노동운동을 했으며 부천시의회 1, 2대 의원을 역임했다. 민주노총 내 국민파로부터 권유와 지지를 받았으며, YH 노동조합 시절에 크리스찬 아카데미 교육 과정에서 만났던 신인령, 박순희 등 70년대 노동운동 관계자로부터 동의와 지지를 받았다.

"총선을 앞두고 신인령 선생님 등이 그 속에 들어가서 잘 할 사람이 최순영이다. 아무래도 천영세 선생님이 얘기 한 것 같아. 박순희 언니가 신인령 선생님이랑 얘기했는데, 네가 들어가서 하면 좋겠다고 했어. 신인령 선생님이 자기 정년퇴임하면 민주노동당 가서 청소하겠다고 농담도 했어." 〈사례9, 최순영〉

최순영이 비례후보로 출마하는데 적극적으로 제안하였던 세력은 당시 민주노총 내에서 주요 정파였던 국민파로서 중앙파와 경쟁관계에 있었다.

"여성후보를 50% 내야 하는데. 단병호, 심상정이 후보로 나오니까 반대파에서 나를 제안한 것 같아. 내가 마포 살았는데, 민주노총에서 누가 와서 얘기를 하는 거야. 출마를 해야 한다고. 자기네가 다 하겠다고 했어. 나는 박순희 선배에게 제안했어요. 나는 남편도 아프고 할 수 있는 상황 아니었는데. 박순희 선배가 나는 정치가 아니다. 다시 신인령 선생님께 물었는데 "네 몫이다"고 하셨어. 천영세 대표랑 나랑 추대하는 자리에 모르고 갔어. 그 때 쭉 해야 한다고 해서, 그래서 "열심히 하겠습니다"라고 했지. 계속 버티긴 어렵고, 그래서 시작했어… 내가 5번을 받았거든. 자존심 상한다고 얘기하는 사람도 있었어. 그래도 내가 5번 받자, 여기저기에서 당선시켜야 한다고 주변에서 노력 많이 했어." 〈사례9, 최순영〉

최순영은 비례 순위를 정하는 전국 순회 내부 경선에서 연설보다는 재미있는 이야기를 준비해서 비유하기를 통해 보수정치와 다른 진보정치의 모습을 제안했다.

"나는 유세하면서 나를 찍어달고 하지 않았어. 당에 오니까 밤새 토론만하고 원 재미가 없었어. 그래서 회의 때마다 재미있는 얘기를 하나씩 해서 재미있게 하자고 했어. 맨 처음에는 선거운동 안한다고 했다가, 갑자기 선거 운동을 한다는 것이야. 할 말도 없는데, 예전에 읽었던 사랑이라는 얘기를 해줬어.. 반응 좋았지…. 서울 마지막 유세가 압권이었지. 한겨레신문에도 실어줬어. 그때 개띠 해였나. 그런 얘기 있었어. 우리말에 개와 아이는 비교하지 말라고. 개보다 못하면 개보다 못한 놈 …

중략… 우리 민주노동당이 저런 정당들과 맞서기 보다는 우리 진보정당 얘기를 가지고 하자고 얘기했어" 〈사례9, 최순영〉

제주도에서 여성 농민 운동을 했던 현애자는 비례 순위 7번을 받아 후보에 등록했다. WTO, FTA, 쌀개방 압력에 대항했던 농민들의 처지에서 정치적인 해법의 필요를 고민했던 전국여성농민회총연합(약칭 전여농)는 2003년 2월 대의원대회를 통하여 여성농민 정치세력화 방침을 결정했다. 정당과 관련해서는 민주노동당을 지지하고 2004년 총선에서 여성농민 후보를 발굴하여 진출시키기로 했다. 현애자는 당시 전여농 제주여성농민회 정치위원장이었으며, 대중투쟁 이외에 정치세력화가 당시 어려운 농업 개방화 문제를 풀어낼 수 있는 방법으로 이해했다.

"WTO 싸움하면서 2003년 한.칠레 FTA 싸움도 있었다. 우리 농산물 수입 개방전면화 우려 정세 인식 속에서 계속 WTO, FTA, 쌀 개방 반대를 내세우고 싸웠어요. 노무현정권이 들어와서도 개방화되었고. 그 동안 전력했던 투쟁을 통해서 막을 수 있다고 생각해서 10만, 30만 항쟁을 했어도 막아내지 못함에 대한 이후 방안에 대해서. 윤회장님의 정세판단이 있었고, 저도 신뢰가 높았어요. 2002년 너무 답답해서 전국 여농회의 참석했어요. 남제주여성농민회 회장도 맡고 있었는데, 시군회장단 회의가 있었는데,

제주도도 2002년 오렌지 수입 개방했고. 제주에서 3-4천명 투쟁했는데도… 계속 절망적인 상황이었죠. FTA 투쟁도 이후 결과 자신을 못했

었어요. 이 정세를 투쟁으로 못 막으면 뭘로 막아야 하는지 답답해 할 때 전국 수련회 갔어요. 나들이라도 하자고. 그런데 윤회장님 정세강의 듣고 뻥 갔죠. 이 길로 가면 될 수 있다고 생각해서 제주에 오자마자 막 추진했어요" 〈사례9, 현애자〉

현애자는 앞의 심상정, 이영순, 최순영과 달리 전여농의 조직적인 논의를 거쳐 전여농 후보가 됐다. 2003년 여성농민 정치세력화 논의 과정에서 쟁점은 당과 관련한 방침이었다. 전북 등 일부 지역에서는 민주노동당으로 참여하는 것에 대해서 반대하면서 농민당을 만들자는 제안을 했다. 그럼에도 다수 의견으로 민주노동당에 조직적으로 참여하기로 결정했다. 그러나 정작 2004년 총선을 앞두고 후보 발굴 작업은 쉽지 않았다. 예상됐던 사람이 후보로 출마하기 어려운 상황에서 광역 도 단위별로 후보를 추천하기로 했다. 현애자가 있는 제주 여성농민회에서는 읍 단위까지 참여하는 정치위원회를 구성하고 현애자를 정치위원장으로 선임했다. 강연회도 하고 간담회도 개최하여 여성농민회 정치세력화 방침을 회원까지 논의하고 있었지만, 다른 지역에서는 조직적으로 논의하지 못했다.

"모두 후보로 나가지 않으려 했어요. 당시 A회장은 나갈 생각이었는데 해당 지역에서 반대했어요. 나도 당연히 그 분이 하는 것으로 생각했죠. 내가 당선됐을 때 인터뷰에서 말했지만 (웃음)… 고추밭에서 고추 따고 있는데, 윤금순 회장한테 전화 와서 나오게 됐다고. 다른 지역에서는 조직적으로 끌어내지 못했고 제주만 조직적으로 논의했죠. 제가 (출마)제

안 받았을 때 깜짝 놀랐고, 1주일 이상 고민했었다." 〈사례9, 현애자〉

제주 출신으로 전여농 부회장을 하고 있는 김옥임과는 절친한 사이였지만, 회원들 사이의 의견은 현애자, 김옥임으로 갈라졌다. 현애자는 회원들의 뜻이 그대로 반영될 수 있도록 추천된 2명을 경선 시켜, 다수 동의를 받는 사람을 후보로 추천하자고 제안했다. 경선 결과 승리한 현애자를 제주 추천 후보로 결정했고, 다른 광역 도에서 별도 추천 후보가 없는 관계로 현애자가 전여농 전체 총선후보로 결정됐다. 현애자의 출마는 같은 농민후보였던 강기갑을 지지했던 남성 중심의 농민회 전국농민회총연맹(약칭 전농) 간부들과 마찰이 있었다. 당원 직선으로 순위를 정하는 민주노동당 조건에서 지지 세력이 겹쳐질 때 자칫 농민후보로 출마하는 강기갑에게 영향을 줄 수 있다는 우려 때문이었다. 전농은 2003년 11월 4일 민주노동당을 배타적으로 지지하기로 하고 조직적으로 합류한 조직이었다. 전여농과 전농은 이후에도 당직 또는 공직 선거 출마 과정에서 이와 유사한 갈등이 재연됐다.

> "강기갑 후보와 내가 나와 순번을 받을 내부 경선할 때 저한테 비공식적으로 사퇴하라는 얘기도 많았어요. 그러나 나는 전여농에서 결정한 것이니까. 참았죠." 〈사례9, 현애자〉

전여농은 2003년 정치방침에 따른 조직의 후보로 현애자가 선출되면서 구체적인 여성농민 정치세력화를 위한 추진의 힘을 얻었다.

2003년 정치방침을 결정할 시에 내부의 팽팽한 이견을 딛고 결정했기 때문에 총선 후보를 발굴하지 못했더라면 구체적인 정치세력화 실현에 어려움이 초래될 상황이었다.

> "완전히 팽팽한 상황에서 결정했는데, 후보가 없으면 안된다는 입장이었어요. 전여농이 (정치방침 결정) 과정에서 분열됐는데, 후보를 내지 않으면 안되는 상황이었다. 나는 학생운동 조금할 때 의미 부여한 것도 있었지만, 제일 중요 한 것은 여농 세력화였죠. 당시 여농이 고무되었지요. 후보가 있으니까 열심히 했죠. 전여농이 사람중심이니까. 후보중심으로 아주 열심히 했죠. 다른데 선거 운동하다가 전여농 지역가면 친정가는 것처럼 좋았어요." 〈사례9, 현애자〉

2002년 지방선거, 2004년 국회의원 선거에서 여성할당 후보로 진출하는 여성들은 대부분 민주노총, 전여농, 전농 등 주요 대중 조직과 당내 주요 정파 조직의 추천과 지지를 업고 등장했다. 2002년 지방선거와 2004년 국회의원 선거는 최초로 1인2표에 의한 정당명부식 비례대표제가 도입되면서 민주노동당이 의회로 진출할 수 있는 계기를 제공했다. 그러나 2004년까지 쉽게 당선을 예측하지는 못하는 상황이었다. 현애자 사례와 같이 당선을 기대하지 않았지만 대중조직의 정치세력화에 기여하는 역할로서 출마하거나 신생 민주노동당의 역량을 확대하기 위한 목표로 출마에 나섰다. 2004년 총선 결과 민주노동당은 모두의 예상을 뛰어넘어 8명의 비례대표 후보와 2명의 지역구 후보를 당선시켰고, 원내 제3당의 지위를 차지할 수 있었다. 또한 이후 이를 계기로 비례대표에 대한 당 내부의 경쟁이 격화됐다. 비례대표 당선자 8번 중에서 여성은 4명 당선되었고, 결과적으로 여성 홀수 순번 도입은 여성들의 공직 진출의 중요한 통로로 작용했다.

여성들은 비례대표 후보는 물론 민주노동당 공천을 받아 지역구 국회의원 선거에도 처음으로 도전했다. 초대 여성위원장을 지냈던 이선희, 여성국장을 했던 홍승하를 비롯하여 여성들이 지역구 후보로 출마했으나 모두 낙선했다. 당시 민주노동당의 역량은 노동자들이 밀집되어 있고 민주노총 조합원이 조직되어 있는 경남 창원과 울산 북구를 제외하고 실제 지역구에서 당선되기 어려운 상황이었다. 따라서 이들의 출마에는 국회의원 선거에 처음 도입되는 1인2표 정당투표의 지지율을 높여 비례대표 후보를 당선시켜 내고, 당의 지지기반을 확대하기 위한 목표가 우선됐다.

> "총선 앞두고 지역정치가 중요해졌어요. 비례는 내부 정파 역관계가 작동하는 것이기 때문에 누구를 준비하기 어렵고… 지역에서 총선후보로 나갈 사람 준비하는 것이었다. 최정옥, 엄정애, 조은주 등등 후보로 나가자 조직하고 다녔다. 당선가능성은 비례가 많지. 누가 모르나. 그래도 일단 지역에 나가야 한다. 정당투표를 위해 거의 그런 마인드였어요. 서울은 정당투표 중심이었고. 내 선거 슬로건도 "이제는 민주노동당"이었어요" 〈사례6, 이선희〉

이선희는 정치 1번지였던 종로에 출마하기 위하여 선거 2년 전에 종로로 내려와 '사과향기'라는 여성당원 모임도 만들고 총선 출마를 준비했다. 여성들의 지역구 출마는 당선을 기대하기 어려운 상황이었지만 여성정치 활동을 확대하고, 신생 민주노동당의 정당 득표율을 높이기 위한 노력이었다.

> "여성할당제를 안착시키고 앞장섰던 사람들은 지역에서도 정치활동을 뿌리내리기에 노력해야 한다 생각했어요. 나는 총선 전 2년 정도 먼저 내려와서 지역 활동을 했어요. 지역에서 여성정치활동을 하고 싶었는데. 종로가 정치1번지고 홍보효과도 있고. 여길(종로) 찾아왔는데, 지역위원장 경선도 했죠. 민주노총 (남성)후보와 경선해서 이겼어요" 〈사례6, 이선희〉

홍승하도 출산 1개월 만에 영등포(갑) 선거구에 출마했다. 당시 여성위원회에서는 여성정치 참여를 위한 구체적인 교육을 실시했고 여성들의 지역구 출마를 독려했다. 지역구 후보로 출마하는 여성들은 스스로 재정과 조직을 담당해야 하는 조건이었다. 그러나 여성들은 민주노동당을 뿌리내리고 여성정치를 실현하기 위하여 지역구에 도전했다.

> "광역(비례대표) 당선 이후부터 비례는 치열했죠. 여성위원회는 2004년 최초로 여성이 정치가로서 나가야 한다고 해서 교육을 했어요. 여성정치 교육, 선거실무교육도 하고 후보로 진출하기 위해서. 실제 지역 현장에서 출마 준비 했어요. 여성위에서는 지역구 후보에 나가도록 했어

요. 몇 십 명씩 교육 받았고 중앙에서 설득한 여성이 지역구로 나갔어요. 여성위원회에서 돈도 지원했어요. 당 차원에서 여성후보 지원금은 아니었던 것 같고. 따로 모아서 50만원인지 100만원 지원한 것 같아요" 〈사례10, 홍승하〉

2004년 총선은 민주노동당 창당 이후 가장 많은 여성들이 국회의원 선거에 도전한 선거였다. 지역구에 도전하였던 여성들은 비록 당선하지는 못했지만, 여성정치인으로 정치의 장에 나섰다.

또 한 걸음, 지역구 30% 이상 여성할당제 도입

민주노동당은 다른 정당보다 앞서 모든 선출직과 임명직에 30% 여성할당제를 도입하여 지도부를 비롯한 당직, 각종 의결기구에 여성할당을 적용했다. 2002년 비례대표제 선거 제도가 도입된 이후에는 여성할당 30%를 넘어 비례대표 후보에게는 50% 이상을 적용하여 여성후보를 홀수 순번에 공천했다. 여성위원회는 2002년 지방선거, 2004년 국회의원선거를 거치면서 어떻게 여성들을 더 많이 정치영역으로 진출시키고 여성정치세력화를 이룩할 것인가에 대해 발전적인 방안을 연구하기 시작했다.

여성위원회는 지역구 선출직 진출보다 당선 가능성이 높았던 비례대표 후보에 여성을 더 많이 공천하도록 할당비율을 당시 50% 이상보다 많은 60%, 70%로 높여내는 방안도 연구했다. 그러나 여성이 이미 홀수 순번을 받고 있는 상황에서 당 내부 남성 당원의 저항은 물론 중장기적인 여성정치 진출을 위해 신중한 접근이 필요했다. 당 지지율이 2004년 최대 20%에서 하향하고 있는 상황에서 비례대표만을 통한 여성들의 정치적 진출의 한계도 있었다. 더욱 중요하게는 전체 국회의원 정수에서 비례대표가 차지하는 비중이 15% 내외 상황에서 지역구 선출직 돌파 없이 여성의 수적인 확대는 한계가 있었다.

또 한편으로는 2002년부터 비례대표제를 통해 이미 지방의원 또는 국회의원으로 진출하고 있는 여성들이 지역구 선출직에 도전하기 위해서 여성들에 대한 적극적인 조치는 계속 필요한 상황이었다. 여전히 당내에서는 남성을 중심으로 일상의 정치활동이 진행되고 있는 상황에서 여성들의 지역구 선출직 도전은 당내에서 남성 또는 다른 후보와 경선을 돌파해야 하는 과제를 안고 있었다. 특히, 울산, 경남, 호남 등 민주노동당의 당력이 형성되고 지지율도 상대적으로 높은 곳에서 여성들이 남성들과 동등한 경쟁을 통해 후보 공천을 획득하기에는 아직 부족함이 많았다.

여성 주체 형성 관점에서도 상대적으로 진출이 쉬운 비례대표 후보만을 목표로 여성정치인을 발굴하는 것은 여성 내부의 경쟁을 격화하고 지속적인 여성정치 역량으로 확대 강화하는데 어려움이 있었다. 당시 민주노동당 최고위원이면서 여성위원장이었던 박인숙은 지역구 선출직 여성할당제를 강력히 제기하고 여성위원회를 중심으로 이에 대해 준비했다.

> "그동안 민주노동당은 여성참여를 위해서 선도적인 정책을 많이 냈습니다. 대표적인 예가 모든 임명직, 선출직에 여성할당 30%를 실시하고 있고, 다른 정당이 상상도 못할 시절에 비례후보 홀수번을 여성에게 배정하는 조치를 했습니다. 이러한 조치에도 불구하고 여성의 정치참여가 상당히 부족한 것은, 지역구 선출직의 여성들이 거의 진출하지 못하는 것입니다. 이번에는 이 문제를 어떻게 해결할 것인가 하는 논의를 했고, 그 결과로 지역구 선출직 후보에도 여성할당을 강제적으로 하자. 그래서 여성들이 지역구 선출직 후보로 적극적으로 나가도록 하자는 논의였습니다." (민중의소리, 2005)

민주노동당 기관지 〈진보정치〉 147호에 의하면 지역구 여성할당제를 도입하기 위한 시도는 2004년 국회의원 선거를 앞둔 2003년에도 시도됐다. 이 기사에 의하면 2003년 시도는 관철되지는 못했다.

> "지난 4일 열린 총선기획단 회의에서 여성위원회가 제출한 여성후보 선출안이 부결된 것도 이같은 맥락이다. 여성위원회는 △지역구 30% 이상 여성 할당을 당헌에 규정하고 △지구당 후보 경선 시 '여성후보 득표 30% 인센티브'를 실시하며 △여성후보에 대한 중앙당의 선거자금지원 남성 후보의 1백50%로 하고 △비례대표 후보의 홀수 순번을 여성으로 하자는 여성후보 선출안을 제시했다. 하지만 "우리당의 경우 현 단계에서 경선에 출마한 여성후보가 상대방 남성후보에게 밀리는 것이 문제가 아니라 출마할 여성후보가 없는 것이 문제"라는 의견이 다수를 이루면서 추후에 여성후보 선출안을 다시 논의하기로 했다." (진보정치, 2003)

당시 상황에서 지역구 여성할당제에 대한 제기는 있었으나, 당내 설득과 여성위원회의 충분한 준비가 되지 못한 상황에서 성사시켜내지 못했다. 그러나 지역구 선출직 여성할당제 제기는 2004년 총선을 거쳐, 2006년 지방선거를 앞두고 2005년에 다시 제기되기 시작했다.

여성위원회를 중심으로 지역구 선출직 여성할당제에 대한 필요와 현실적인 적용방안이 연구되었다. 여성위원회가 2004년 이후부터 시·도지부를 포함한 지역위원회(구 지구당)에 이르기까지 구성해 나가고 있는 상황에서 여성들의 조직적인 참여는 최고조에 이르렀다. 당시 민주노동당은 비록 당지지율이 하락했지만 10만[18] 당원 조직 목표를 가지고 있었으며, 당원들의 활동력은 높은 시기였다. 여성당원들은 22% 정도의 구성 비율을 차지하고 있었지만, 여성정치에 기대감을 가지고 결합하고 있는 시기였다. 특히 2006년 지방선거 기초의원선거의 경우에는 중선거구제가 실시됨에 따라 2인~4인 선거구가 도입되어 어느 때 보다 당선 가능성에 대한 기대가 높았다.

우리나라 선거제도가 소선구제를 기반으로 하고 있는 상황에서 여성할당제를 지역구에 적용하고 도입하기 위한 논의는 쉬운 것이 아니었다. 서구에서 여성할당제가 제도적으로 구현하기에 용이한 점은 소선구제 보다는 비례대표 정당명부식 선거제도가 많기 때문이다.

마침 2006년 지방선거에서부터 중선거구제가 도입되지만, 당 역량이 취약한 민주노동당의 경우에는 대부분의 선거구에서 1인을 공천할 수 있는 실행방법을 마련하기에 많은 어려움이 있었다. 서구 여성할당제 사례를 연구하고 여성정치 전문가들과 자문을 구하면서 연구했지만 제도적으로 명쾌한 방안을 찾기 어려웠다. 결국 찾아낸 방법은 시·도지부를 포함한 지역위원회에서 정치적으로 조정하고 조율하는 방법이었고, 조율이 안 될 경우에는 의결기구를 통하여 여성 선거구를 정하는 방법을 선택했다. 또한 숫자상으로 여성할당 비율을 강제하는 것이었다. 여성 할당 비율을 강제한다는 것은 여성할당 비율을 채워내지 않을 경우에는 해당 당 조직이 모든 책임을

18) 민주노동당 집권전략위원회 보고서(참고용). 2008. 12. 15. 123쪽에 의하면 당원은 2006년 12월 31일 현재 77,771명이었다.

지고 남성후보도 공천할 수 없다는 강력한 적용방법을 뜻했다.

이러한 여성위원회의 지역구 선출직 여성할당제 방안은 많은 반대에 봉착했는데, 이미 오랜 기간 지방선거를 대비하여 준비했던 남성들의 피선거권을 박탈하는 문제와 지역구 선출직 여성후보가 부족하다는 의견 등이 그것이었다.

> "피선거권 제약문제가 여전히 있고, 실현방법, 현실문제.. 아마 제 기억에는 원래 당헌당규상은 30% 에 대해 당규에서 2006년에 한해 20% 경과 규정 두는 것. 그때 지방선거 기조로 봤을 때 그런거죠. 지역구에 여성후보 30%를 마련할 수 있나. 그 실현방법으로 여성전용선거구를 마련하는 거고, 그것은 피선거권 제약이고. 여성이 없는데 어떻게 할 것인가. 지금도 항상 제기되는 문제이죠." 〈사례12, 김용신〉

여성당원들은 여성위원회 주최의 여성정치아카데미와 지역별 여성당원 교육을 통하여 여성들의 정치참여와 출마에 대한 필요성을 인식하고 지역구 여성할당제에 대한 요구를 통일해 나갔다.

여성위원회는 여성당원의 요구를 수렴하고 여성당원들의 참여를 조직하면서, 동시에 당 지도부에 대한 설득작업을 진행했다. 최종적으로 전국여성위원회 5차 회의는 2005년 6월 11일에 지방의회 선출직 지역구 30% 여성할당 방안을 여성위원회 안으로 채택하고 지방선거 승리를 위해 최고위원회 산하 특별기구로 구성된 '2006위원회'에 제출했다. 대부분의 광역시·도지부 사무처장 또는 지방자치위원장으로 구성된 2006위원회 2차 회의는 "여성후보 강제할당은 무리다. 지역 사정을 고려해 달라"며 1차 회의에 이어 완강하게 반대했다. 당시 김창현 사무총장은 표결에 들어가기 전 긴급하게 당규개정안으로는 30% 강제 할당하되 혼란을 최소화하기 위해 2006년에 한해 △지역구 후보의 20%를 여성으로 강제 한다 △지역구 후보가 3인 이상 출마할 경우부터 적용한다 △지역구 후보 중 여성 30%를 실현한 지역위원회는 인센티브를 제공한다는 수정동의안을 제출하여 원안 채택을 유도했고 16명의 위원 중 10명이 김 총장의 수정안을 지지하여 다수 안으로 채택됐다.[19]

그러나 2006위원회에서 대부분의 위원들은 처음에는 완강하게 반대했다. 지역사정이 어렵고 여성후보를 발굴하기 어렵다는 이유였다. 이에 대하여 당시 부산시당 여성위원장이었던 김은진은 "내 경험과 판단에 가능하지 않은 지역위원회는 한군데도 없다. 2012년 집권 실현의 가장 중요한 것이 진보여성의 의회진출인데 각자 사정 얘기하며 안 된다고 하면서 민주노동당 진보간판 내려야한다"며 강하게 문제 제기했다(진보정치,2005).

당시 상황을 구체적으로 게재한 민주노동당 기관지 〈진보정치〉 230호에 의하면 찬성과 반대 양론의 치열한 논쟁을 알 수 있다.

"박인숙 최고위원(여성위원장)은 안건 설명 과정에서 "2004년 총선을 통해 3당의 위상으로 비약하고 선거를 통한 당선가능성이 확대된 상황에서 당내 남성중심 기득권이 고착되기 전에 2006년이야 말로 여성 진출의 중요한 갈림길이 될 것이라며 여성은 항상 비례의원으로 머물 것인

19) 민주노동당 기관지, 2005. 6. 28, 〈진보정치〉 230호

가 적극적으로 지역구로 진출할 것인가 기로에서 적극적으로 지역구 진출을 위한 교두보를 마련해야한다."며 "여성의 후보 출마는 당의 후보 확대와 당의 강화발전의 기회"라고 강조했다.

이날 회의에서 반대 당론을 펼쳤던 광역시도당 대표들은 모두 "취지에는 공감" 한다는 발언을 본격적인 반대 입장을 펼치기 전에 한마디씩 던져 이 사안의 무게감과 당혹감을 표출하기도 했다. 반대당론으로는 "여성강제할당은 해당 지역위의 남성들의 피선거권을 제약한다" "후보선출까지 3개월 밖에 남지 않은 지역사정을 왜 고려하지 않느냐" "우리지역은 남성노동자후보로 다 찼다. 강제할당으로 무리하게 적용하면 지역에서 혼란이 일어 난다" "여성의원 확대보다 더 중요한 것은 당선가능성을 중심으로 한 민주노동당의 발전이 더 중요하다" 는 지역의 고심이 배어나는 발언들을 해 눈길을 끌었다.

회의가 끝난 후 박인숙 최고위원(여성위원장)은 "대한민국 정치관계법에는 각 정당별로 30% 여성할당을 권고하고 있지만 실제 이행한 정당은 없었다. 민주노동당 역시 마찬가지였다. 비례의원후보에 대해서는 법으로 정하기 전에 이미 당 초기부터 50% 이상 여성할당을 실현하고 있다. 한국정치상황에서 돈과 조직이 중심인 선거문화와 인지도에서 상대적으로 낮은 여성이 스스로 당내 경선과 선거과정을 통과하기에는 어려운 상황 아닌가. 특히 적극적으로 여성을 끌어내려는 노력이 없이 여성이 스스로 지역구에 도전하기를 기다린다면 거의 실효성이 없는 것이다. 여성을 끌어내기 위해서라도 적극적이고 강제적인 할당제 실현을 통해 여성후보를 조직해 내야한다. 다른 나라의 정당이나 타당에서 실패하였지만 적극적인 할당제 강제이행이야말로 여성 진출의 가장 현실적 방법이고 진보정당의 진보적 가치를 적극화하는 길이다"고 힘주어 말했다.

마지막까지 중재노력에 힘썼던 김창현 사무총장은 "이번에 이렇게라도 (20%강제할당) 해놓는 것이 중요하다"며 만족감을 표시했다. 한국 정당사 초유의 지역구 출마자 여성강제할당이 실현될지 내외의 관심이 7월2일 중앙위원회에 모아지고 있다." (진보정치, 2005)

2006년 지방선거를 준비하는 2006위원회에서는 여성정치 진출을 활성화하는 방안으로 지역구 선출직 후보에 여성할당 20%를 강제하고 30% 이상 후보를 공천한 지역위원회에는 인센티브 지원을 결정하고, 이를 중앙위원회로 안건을 상정했다.

여성위원회는 2005년 7월 2일, 고려대학교에서 중앙위원회가 시작되기 전에 준비한 선전물과 사탕을 나눠주면서 지방선거 방침과 당규 통과를 호소했고, 대회장 주변에 현수막을 게시하였다. 중앙위원회에서 적극적인 찬성 발언을 할 수 있도록 당시 중앙위원이었고 당내 최대 다수를 차지하고 있던 민주노총의 대표인 이수호 민주노총 위원장과 심상정 국회의원 등을 찬성 발언자로 배치하여 중앙위원을 적극 설득했다.

당시 민주노동당 기관지 〈진보정치〉의 기록에 의하면, 7월2일 밤 10시를 넘어 시작된 여성할당제 논의는 지역구 선출직 여성할당제 30% 당규 제정을 둘러싸고 여성할당이 가능하냐, 시기상조냐 하는 논란 등 열띤 논쟁을 벌여 장장 6시간 토론 끝에 다음날 새벽 4시에야 안건을 처리하는 6시간 대기록을 남겼다.

> "경남 마산의 이장규 중앙위원은 "상정된 여성 할당안은 부득불 남성 후보의 피선거권을 제약할 소지가 있으니 할당을 삭제해야 한다"는 수정동의안을 제출했으나 부결됐다. 여성할당을 적극 지지하는 찬성 토론에 심상정 의원과 이수호 민주노총 위원장이 한 몫 했다. 심의원은 "여성 후보를 내세우지 못하는 것에 대해 참을 수 없는 고통을 느끼지 못하는가? 과소 대표된 소수자가 자립적으로 성장할 수 있게 도와주는 최소한의 방법이 30%할당" 이라며 '20%안으로 축소 조정된 만큼 적극 지지'를 호소했다." (진보정치, 2005)

이러한 노력의 결과 7월 2일의 중앙위원회는 2006년도 지방선거 방침으로 지역구 여성할당제를 방침으로 채택하였으나, 공직후보 지역구 선출직 여성할당제 30%를 당규로 채택하는 부분에 대해서는 찬반공방과 의견차이로 다음 중앙위원회로 이월됐다.

지역구 선출직 여성할당제 반대 입장은 여성후보를 발굴하기 어렵다는 이유만을 들지 않았다. 당선가능성이 높은 울산과 창원 등 영남지역에서는 이미 남성후보들이 자리를 잡고 있기 때문에 난색을 표명하기도 했다. 또한 반대 입장에는 농촌지역과 같이 가부장 농촌문화로 인한 여성후보에 대한 반감에 대한 고민도 반영됐다.

> "이미 내부적으로는 후보선정이 사실상 끝난 영남지역의 소위 '잘나가는 지역구'들은 몇몇 후보를 포기시켜야하는 고민에 빠졌다. 여성할당이 안되면 해당 지역위 후보 모두 민주노동당 후보로 인준되지 못하기 때문이다. 변화된 중대선구제도 지역에 부담을 가중시킨다. 1개동에 1

명의 후보에서 2~4개동에 1명의 후보를 내야하는 새로운 조건은 그만큼 후보 간 '교통정리'하기가 쉽지 않게 됐기 때문이다. 농촌지역도 장고에 들어갔다. 준비된 여성농민은 있어도 농촌의 보수적 분위기에서 '여성후보에 대한 반감'을 어떻게 뚫고 나갈지 고민이라는 것이다."[20]

7월 2일 중앙위원회에서는 여성할당제를 둘러싼 논쟁은 정파와 상관없이 치열한 논의가 계속됐으며 표결 끝에 통과됐다. 민주노동당 각 정파는 정파적 단결이 강한 조직으로 매번 중앙위원회, 대의원대회에서 다룰 안건에 대해서 정파별 사전 의견을 정했지만, 여성할당제 관련해서는 정파별 입장을 정하기 어려웠다. 2005년 7월 2일 중앙위원회에서 당시 대표적인 A정파 소속의 중앙위원이었던 H는 지역구 여성할당제에 대하여 강력하게 반대 발언을 피력했지만, 곧 이어 H와 비슷한 경향성을 가지고 있었던 심상정은 강력한 찬성발언을 제기했다. 여성할당제를 둘러싼 논의는 정파적인 대결보다는 여성적 관점을 지지하는 입장과 현실론을 내세워 반대하는 입장으로 나눠졌으며, 일부 지도부 남성을 제외하고는 남·녀간 성별 대결 양상을 보였다.

또한 여성위원회는 지역구 여성할당제를 추진하는 과정에서 당시 당대표였던 김혜경 대표를 비롯하여 4명의 여성 최고위원과 4명의 여성 국회의원들이 참석하는 연석회의를 수시로 개최하여 여성 연대를 조직하고 여성할당제 관철을 위한 논의를 전개했다. 당내 여성 지도부의 적극적인 개입과 역할은 내부의 반대 의견을 정리해 나가는

20) 민주노동당 기관지, 2005. 7. 10, 〈진보정치〉 232호.

데 주요한 역할을 담당했다.

지역구 여성할당제 통과 이후에 당시 경남도당 위원장이었던 문성현은 여성 장애인 집회에서 "저는 여성의 권리는 우리 '남자들'이 대신 해줄 수 없고 천하없어도 여성들 스스로 싸워서 얻어지는 것이라고 생각합니다. 정치에서의 여성 할당은 여성들이 싸울 수 있는 바탕을 만들어주는 것일 뿐이지요. 생각의 차이가 있겠지만 우리가 정말 획기적인 결정을 했다고 믿습니다"[21] 라며 지방선거에서 지역구 선출직 여성할당제 통과 의미를 높이 평가했다.

그러나 이러한 제도적인 채택과 달리 여성 당원들 안에서는 또 다른 어려움과 고민이 있었다. 2005년 10월 29일 무주리조트 여성정치학교에 참석한 여성 당원들은 지역구 여성 30%할당 여성후보 발굴 과정에서 "아직 주저거리고 있다"는 솔직한 얘기들이 토론에서 나왔다. 또한 여성후보가 출마를 선언해도 당내 경선이라는 절차가 남아 있어 "여성 후보가 확신을 가지고 지역 기반을 꾸리는데 머뭇거리는 요인이 되고 있다"고 했다. 또, 여성들은 가족의 동의를 얻어야 하고, 아이들이나 가족을 보살피던 일을 접고 사회로 나와야 한다는 것이 부담이 되기도 한다고 밝혔다.[22]

지역구 여성할당제를 당규로 제도화하기 위해서는 몇 차례 논쟁과 유예과정이 있었다. 이미 당헌상에 모든 선출직과 임명직에 여성할당 30% 이상 도입이 명문화되어 있는 상황이었지만, 구체적인 실행계획은 당규를 통하여 이행계획이 수립이 돼야 했다. 그러나 여

21) 민주노동당 기관지, 2005. 7. 18, 〈진보정치〉 233호
22) 민주노동당 기관지, 2005. 11. 8, 〈진보정치〉 248호

러 어려움을 겪고 2006년 2월 18일 중앙위원회에서 당규로 개정하여 제도화 했다. 당규는 제18조 (공직후보자 중 여성후보의 수) ②항에 여성의 정치참여를 확대하고 실질적인 사회활동을 보장하기 위하여 임기만료에 의한 국회의원선거별, 광역의원선거별, 기초의원선거별 지역구(선출직) 출마 후보의 30% 이상을 여성후보에 할당한다고 정했다. 구체적인 할당방식은 해당 선거 시기 방침으로 결정하기로 했다. 2006년 2월 중앙위원회에서 당규 개정을 통한 지역구 여성할당제 도입을 명시한 것은 지역구 여성할당제를 강제 적용함을 명시하는 것이었다. 그러나 여러 가지 준비부족과 유동성을 고려하여 할당방식은 해당 선거 시기 방침으로 결정하는 것을 두어 탄력적으로 적용했다. 또한 지역구 여성할당제 원년인 2006년 지방선거는 별도로 정한다는 단서를 두어 여성할당 20%는 강제적으로 적용하고, 30% 이상 도달할 때 인센티브를 적용하기로 했다. 여기에서 강제적으로 적용한다는 것은 여성을 20% 이상 발굴하지 않았을 때에는 남성후보들도 함께 출마하지 못한다는 것이고, 인센티브를 적용한다는 것은 30% 이상 여성을 후보로 내는 조직에게는 재정적인 지원을 주는 방안을 말하는 것이다. 지역구 선출직 여성할당제를 추진했던 여성위원회는 제도 운영에서는 강력한 강제력을 주문했지만, 할당 비율적용에는 유연한 입장을 견지하여 중앙위원 다수의 지지를 확보했다.

민주노동당 여성정책포럼 준비모임에서 발간한 2차 포럼 결과보고서 『여성할당제, 할 말 있다』에 의하면 지역구 여성할당이 처음으로 도입된 2006년 5월 31일 지방선거에서 전체 출마자 중에 34.91%가 여성이었다. 지역구 총 629명 후보 중 여성은 127명으로 23%를 차지했다. 이는 2002년 지방 선거 출마 여성후보 7%에 비해 16%가 증가한 수치였다(민주노동당, 2006: 26-27). 당선자도 비례당선 24명은 모두 여성이었고, 지역구에서는 여성이 16명, 남성이 41명이 당선됐다. 이는 2002년 여성 당선자가 비례 9명, 지역구 4명(남성 34명)에 비해 확연한 변화였다. 여성 비례 당선자가 24명으로 확대된 것은 광역비례와 기초비례에서 당선된 것으로 2002년 광역 비례 도입에 이어 2006년부터 기초 비례 선거제도가 도입되었기 때문이다.

2007년 6월 17일 중앙위원회에서는 국회의원 총선후보 지역구 선출직 여성할당 30% 방침을 통과시켰다. 이에 대하여 한국여성단체연합과 여성정치세력민주연대는 일제히 지지 성명서를 발표하고 민주노동당의 결정을 계기로 여타 정당에도 이 같은 논의가 확산되기를 바라며, 나아가 공직선거법 개정을 통하여 선출직 30% 여성할당을 강제하는 방안이 마련되어야 할 것을 촉구했다.

분당 이후, 당을 살리기 위한 지역구 출마

민주노동당은 2002년 지방선거를 시작으로 비례후보에 대한 여성할당 50% 이상인 홀수 순번 여성할당제를 적용했다. 2002년 최초로 광역 비례 의원에 9명의 여성들이 당선됐고 2006년, 2010년 지방의회 선거와 2004년, 2008년 국회의원 총선에서 비례후보 여성할당 50% 이상 홀수 순번 배정은 아무런 논란 없이 진행되었다.

반면 지역구 선출직 여성할당제와 관련해서는 2006년 지방선거를 시작으로 매번 선거 시기마다 실행 방침을 둘러싸고 논란이 재연됐다. 이러한 논란의 재연은 지역구 선출직 관련 당규에 '할당방식은 해당선거시기 방침으로 결정한다'고 되어 있기 때문이며, 매 시기의 상황에 맞는 현실적 어려움에 대한 이해와 대응의 차이에서 초래됐다.

민주노동당은 2008년 초 분당사태를 겪고 나서 당세가 어려워진 상황에서 이념적 덧칠을 극복해야 하는 과제와 조직을 재건해야 하는 과제를 안고 있었다. 이때 여성들은 적극적으로 총선후보로 출마했다. 이들의 출마는 사실 자신의 당선보다는 당 지지율을 높여 비례후보를 당선 시켜내는 것을 의미했다. 당을 어려움에서 구출하는 구당적인 상황인식이 공유됐다. 이 시기에 여성들의 지역구 선출직 30% 적용 문제는 내부의 반발보다는 여성들내에서 어떻게 더 많은 후보를 낼 것인가의 문제였다.

당이 위기에 처한 상황에서 지역구 선출직에 대한 내부 경쟁은 약화됐다. 노동자들의 밀집 지역인 울산 북구와 권영길이 재선 후보로서 출마하는 창원(을) 선거구는 경쟁력이 높았고, 현역 의원으로 재선에 도전하는 강기갑이 출마한 사천도 지역구 당선이 유력한 지역으로 예상됐다. 그러나 나머지 지역은 당선을 기대하기 어려운 지역이었다.

민주노동당은 결국 2008년 총선에서 비례 국회의원 3명과 지역구 국회의원 2명을 당선시켰다. 이는 침몰 위기로부터 어느 정도 어려움을 극복한 결과였다. 이러한 조건에서 2010년 지방선거에서는 다시 지역구 여성할당제 적용을 둘러싼 논란은 재연됐다.

2010년 당시에 진보정당은 민주노동당과 진보신당으로 나눠진 상태에서 여전히 어려움은 계속됐다. 민주노동당 여성할당제는 여성후보를 채우지 못할 경우에는 해당 선거구에 남성후보도 출마할 수 없는 강력한 제도였다. 따라서 여성후보를 발굴하지 못한 지역에서는 곤혹스러운 방침이었다. 전북, 전남, 경북 등 남성 중심적인 질서와 농촌지역의 가부장성이 여전히 많이 남아 있는 지역의 어려움이 많았다. 상대적으로 당선 가능성이 높고 여성당원 역량이 갖추어진 경남, 울산 등에서는 여성후보와 남성후보가 대립했고, 남성들의 피선거권 제약에 대한 불만이 수면아래에서 잠복하고 있었다.

전·현직 국회의원과 최고위원, 각 지역 및 부문의 여성위원, 열성 여성당원들은 2010년 지방선거 지역구 선출직 적용방침을 결정하기 위해 개최하는 2009년 9월 19일 중앙위원회를 앞두고 모였다. 여성위원회 소집에 의해서 모인 여성들은 지역구 선출직 여성할당 적용 완화 방침 시도에 공동 대응했다. 2000년 창당 이후부터 여성할당제를 적용하는 단위는 2명 이상 선출직 또는 임명직에 적용했으나,

2010년 지방선거에서는 3명 이상 출마하는 단위에 여성 할당을 적용하겠다는 완화 방침에 반대하기 위한 것이다. 물론 2006년 지방선거에서도 처음 지역구 여성할당제를 도입하는 관계로 완화 방침을 적용한 바는 있었다.

여성위원회는 이러한 방침이 적용되면 이후에 여성할당 적용단위가 축소되는 선례를 만들 수 있고, 결과적으로 여성할당 30%를 제대로 이행할 수 없다고 판단했다. 또한 당 차원의 강력한 발굴 노력 없이 여성들이 나서기 어렵다는 판단에서 반대했다.

이를 대응하기 위해서 여성위원회에서는 '민주노동당 2010 지방선거 지역구 여성할당 적용방안 중앙위원회 대책 방안'을 작성하여 메일을 통해 회람하고 중앙위원회 당일 날 모여 공동 대응할 것을 제안했다. 이 제안[23]의 주요 내용은 "① 중앙위원회 개최 전 오후 1시에 대회 장소에 여성 지도부, 여성 중앙위원이 모여 논의한다, ② 이번 중앙위원회에서 적극적인 대응이 없다면 2010년 여성할당제 실현은 어렵다는 각오로 적극 대응한다, ③ 지금 시간부터 나(여성)부터 심각한 문제의식을 가진다. 한번 제도가 후퇴하면 회복하기 힘들다고 인식한다. ④ 주변 중앙위원(한명이라도!) 조직한다" 였다.

또한 박인숙은 '개혼 남.보.원 강달프와 민주노동당 여성할당제', '다시 여성당원들의 궐기가 필요한가?' 제목의 글을 두 차례 게재하고 모든 중앙위원들에게 메일을 통하여 완화 반대 주장을 제기했다.

23) 민주노동당 여성위원회. 2009. 9. "민주노동당 2010 지방선거 지역구 여성할당 적용방안 중앙위원회 대책방안"

"현재의 지역구 여성할당제에 대하여 앞장서 설득해야 할 대표가 오히려 완강하게 난색을 표하고, 어떤 분은 대놓고 여성할당제 자체에 대한 부정적인 발언을 서슴치 않았다는 둥 탈당사태가 없었다면 속기록을 공개하라고 난리가 났을 발언이 많았다는 소문이 흉흉합니다. 민주노동당 진보버스가 '진부령'고개로 후진하고 있는 것 인가요?"[24)]

"2006년 지방선거로 부터 매번 지역구(선출직) 여성할당 30%로 골머리를 썩고 있습니다. 올해 역시 내년 지방선거를 앞두고 뜨거운 감자가 되어 버린 '지역구 여성할당제'로 지도부는 물론 일선 당 간부들이 고심이 많을 것으로 압니다. …중략… 대표님을 비롯한 최고위원, 의원단에서 먼저 자신있게 이끌어 주십시오. 언제나 쉬운 적은 한번도 없었습니다. 그러나 결국 만들어 내지 않았습니까?"[25)]

2009년 9월 19일 중앙위원회가 개최되는 날, 회의보다 1시간 앞서 모인 여성들은 대책을 논의하고, 중앙위원회에서 질의자, 수정제안자를 정하고 구체적인 대응 논리를 만들었다. 중앙위원회에서 당시 최고위원이었던 이영순과 당시 여성위원장이었던 최순영, 충북 여성위원장이었던 박상은 등이 적극 반론하고 수정안을 제기하여 마침내 후퇴 원안을 폐기하고 여성위원회가 준비한 수정안을 통과시켰다. 이러한 노력의 결과 그 뒤에는 진보정당 안에서 여성할당제를 적용하는 최소 단위는 2명부터 적용하고 있다.

---

24) 박인숙. 2009. 9, "개콘 남.보.원 강달프와 민주노동당 여성할당제",진보정치 440호

25) 박인숙. 2009. 9. 18, "뜨거운 감자 '지역구 여성할당제' 여성당원들의 궐기가 필요한가?", 박인숙 네이버 블로그

이 과정에서 여성 내부에서도 어려움이 많았다. 여성할당제를 실현하기 위해서 스스로 후보로 결단해야 하는 상황이었다. 소수 진보정당의 조건에서 공천 자체로 당선을 기대하기 어려운 상황이었고, 조직력과 재정을 스스로 감당해야 했다. 또한 분당 이후 당 역량이 약화된 조건에서 지역구 선출직 여성할당제 30% 요구가 과도한 요구로 인식되기도 했다. 당시 논쟁 상황에서 A모 여성의원은 개인적인 메일을 통하여 여성위원회 의견에 대한 완곡한 우려 의견을 개진하기로 했다.

"… 그러나 그동안 최고위원회와 확대간부회의에서 논의가 진행되는 방식에는 문제를 느꼈습니다. 수도권과 도시를 제외한 곳에서는 실제로 많은 어려움을 호소하였습니다. 여성당원이 열 명도 채 안되고 이미 그중에는 출마했던 사람도 있고 이런 사정에 안 맞는다는 것이죠. 저는 여성위원회가 좀 더 적극적으로 시도당의 현황에 대해 논의하고 책임을 함께 하면서 지금이라도 어떻게 할지 대책을 내놓는 것이 필요하다고 생각했습니다.

보수정당과 같이 공천신청자가 몰리는 곳이 아닌데, 주신 말씀과 마찬가지로 우리는 후보를 만들고 할당을 채우는 것이 엄청난 노력을 해야하는 상황인데, 할당을 채우지 못하는 시도당에게만 책임을 지우려 하는 모습이 좋아 보이지 않았습니다.

우리 당 간부들이, 당원들이, 적극적이지는 못하더라도 여성을 배제하려는 생각은 없으신 분들이지 않습니까.

제가 보지 못했던 예전 회의에서는 더 했다고들 하시지만^^

제가 와서 본 회의 중에서 가장 격렬한 고성과 언쟁이 오갔습니다. 대표님까지 가세해서요. 이런 일이 되풀이된다면 대표님에게 흠집이 날 수도 있다고 느꼈습니다."

여러 어려움 속에서 여성할당제는 여성들에게 힘이 되기도 하고 여성들의 어려운 부담으로 작용했다. 그러나 여성할당제를 통하여 선거 시기에 보조자였던 여성들은 직접 후보자가 되었고, 당무에서 지원자 역할을 하였던 여성들이 책임지는 지도력으로 등장할 수 있었다.

지역구 여성할당제 이후 가장 많은 여성 지방의원을 배출했던 울산의 경우에도 여성할당제라는 강제 제도가 있었기 때문에 여성들이 진출할 수 있었고, 여성정치의 자기 영역을 만들어 갔다.

"지역구 성과를 2010년 많은 성과를 냈는데, 이 분들이 남성노동자들과 경합을 벌였는데, 이 지역은 당연하게 여성이 될 수 없었다. 만약 지역구 할당제가 없었다면 여성이 출마하기 어려운 상황이었지요. 그러면 여성정치가 빛을 발휘하기 어려웠다" 〈사례7, 이영순〉

비례후보 여성 홀수 순번과 지역구 여성할당제 실시 이후 시행된 2006년 지방선거에서는 전체 후보 중에서 34.9%가 여성이었다. 2008년 총선에서는 지역구 출마자 중 44.6%에 해당하는 46명의 여성이 후보로 출마했다. 공직선거법은 전국 지역구의 15 ~ 30%를 여성으로 추천한 정당에는 정당보조금의 절반을 지급하도록 규정하고 있는데, 2008년 총선에서 민주노동당은 17억 7,000만 원의 여성 추천보조금을 받았다(김민정, 2011: 6). 2010년 지방선거에서는 광역과 기초의원 30% 여성할당을 실현했다

그러나 2010년 지방선거와 2012년 총선에서는 예비후보 과정에서는 30% 이상 여성할당이 지켜졌지만, 야권연대 성사 이후 과정에서는 여성할당이 배제되어 최종후보 등록 결과는 30% 여성할당제가 반영되지 못했다. 이후 연대·연합정치 과정에서 여성의 참여에 대한 방안이 과제로 확인됐다.

여성할당제, 무엇을 남겼는가?

여성할당제가 진보정치다

"진보정당 딱지를 떼라"이 말이 함의하는 것은, 민주노동당이 진보정치를 지향한다면 여성할당제라는 진보적인 정책을 받아들여야 한다는 말이다. 여성들은 여성할당제 논의가 벽에 부딪칠 때마다 거듭 '진보성'이라는 침범할 수 없는 문제를 환기시켰다.

민주노동당에서 다른 정당에 비해 빠르게 할당제가 도입될 수 있었던 결정적인 이유는 '진보정당'이라는 것과 할당제 실시가 여성차별을 해소하는 위력적이고 '진보적인 가치'라는 것이었다. 1960년 이후 단절된 진보정치를 다시 세우는 민주노동당은 자신의 위치를 진보정당으로 정했다. 창당 대회에서 민주노동당은 노동자, 농민, 영세상공인, 도시빈민의 정당이며, 여성, 장애인, 청년과 학생, 양심적 지식인의 정당임을 선언했다. 또한 민주노동당은 새로운 사회 건설을 위한 진보적인 강령과 정책을 가진 이념정당이며, 노동자 농민을 비롯한 민중이 참여하는 대중정당으로 정치, 경제 사회, 문화 각 방면의 근본적 혁신을 위해 투쟁하는 정당임을 자기 정체성으로 밝혔다.[26)]

민주노동당은 창당을 준비하면서 백가쟁명의 논의를 전개했고, 각 나라에서 시행되었던 모든 좋다고 하는 진보적인 정책과 당 운영 방안을 연구했다. 민주노동당 창당 초기부터 관여했던 노회찬은 당시 민주노동당이 진보정당으로서 복지와 정치개혁을 중요하게 제기

26) 민주노동당 당헌 전문, 2000.1.29, 창당 대의원대회 자료집

했는데, 여성할당제는 차별시정의 대표적인 정책으로 받아들였다고 한다.

"노동자 세력화 일환으로서 진보정당 건설에 나서면서 진보정당의 정책적 무기를 무엇으로 할 것인가 고민했죠. 왜 진보정당인가? 어떻게 커나가야 하는가 여러 비전이었는데, 복지와 정치개혁을 중요하게 생각했어요. 복지는 무상교육, 무상의료, 부유세로 구체화되었고. 정치개혁은 선거제도, 특권 내려놓기, 차별시정으로 진행했어요. 선거제도는 독일식 정당명부제 주장하고 1인1표제 관련 위헌소송을 제기했죠. 특권 내려놓기는 국회의원들 전용 엘리베이터 문제 등 특권 줄이는 여러 문제를 제기했어요. 차별시정 관련해서 대표적인 것이 여성할당제였어요. 이미 정치권은 여든 야든 백안시했지만, 여성단체에서는 계속 요구가 있어 왔어요. 90년 말 여성할당제를 적극 제기했어요. 우리는 전폭적으로 수용했어요. 공직선거뿐 만 아니라 당에도 적용하겠다고. 민주당내에서 개혁적인 의원이나 여성운동 출신 여성들 중에는 여성할당 30% 주장했어요. 당내에서 임명직까지 적용하는 것은 우리가 최초였어요" 〈사례13, 노회찬〉

그러나 창당 추진 세력은 남성들이 중심이 되었다. 이들 중에서는 다른 나라의 선진 제도로서 여성할당제를 접하였지만, 여성들이 제기하기 전까지 이를 우선적인 정책으로 인식하지 못했다. 민주노동당을 창당하기 전인 1999년 3월 5일부터 15일까지 국민승리21 소속 회원과 민주노총은 브라질 연수단을 구성하고 브라질 노동자당(CUT)

을 방문했다. 그들은 브라질 노동자당에서 당의 분회구조, 당비제도, 여성할당제, 참여예산제도를 접할 수 있었다. 또한 어떤 조직이라도 10%만 참여하면 지도자가 될 수 있었고 30%는 여성에게 할당하고 있음을 알 수 있었다(최기영, 2009: 92-93). 그러나 창당을 준비했던 남성들에게 여성할당제는 미래의 과제였다.

"브라질 노동당 사례도 알고 있었지만 우리 조건에서 가능할 것인가 생각 못했다. 당과 노동조합 이런 문제에 관심이 많았어요. 30% 문제는 전혀 생각지 못해 당황했었다" 〈사례15, 이근원〉

여성할당제는 여성들에 의해 제기됐다. 최초 제기는 예상치 못한 상황에서 돌발적이었다. 그러나 여성들은 돌발적인 상황이었지만, 여성 집단의 노력으로 여성할당제를 관철시켰다. 여성들이 치밀한 준비나 충분한 이론적 논거를 제기하지 못했지만 많은 반대를 제치고 통과시킬 수 있었던 중요한 근거는 '민주노동당은 진보정당이다', '여성할당제는 진보적인 정책이다'라는 점이었다. 초대 당대표를 맡았던 권영길은 여성 평등의 문제가 진보정당의 생명이며, 여성할당제는 성평등을 구현할 수 있는 정책으로서 당연히 통과될 수밖에 없다고 말했다.

"중요 회의 때마다 논쟁거리 중에 하나였어. 근데 결국 마지막에 가서는 통과될 수밖에 없는 게. 여성 평등의 문제는 진보정당의 생명이다. 진보정당을 하는 것은 이런 것을 이루기 위한 것 인데 , 이것을 현실적 조건, 상황으로 받아들이지 않는 것은 진보정당 아니다. 또 다른 한편에서는 그럼에도 불구하고 현실적으로 사문화되는 규정 아닌가? 그 때 가서 하고 유보조항을 둔다든지 하자는 것인데. 그런 의견은 채택되지 않았지." 〈사례11, 권영길〉

노회찬은 당시 진보정당으로서 여성할당제를 반대할 수 없었던 상황을 좀 더 생생하게 증언하고 있다. 여성할당제에 반대 입장을 가진 사람들은 내부적인 문제뿐만 아니라, 언론 등 외부적으로도 진보정당답지 못하다는 낙인과 평가를 받을 수 있다는 두려움에서 여성할당제를 공공연하게 반대하지 못했다.

"그것이 뭐 진보정당이냐 하면 끝났지.... 워낙 창당 일정이 촉박했고, 모든 것을 새롭게 시작하는 과정이었다. 당도 생소한데. 이건 뭐냐. 충분히 생각하고 납득하는 것은 형식적이었고. 저것 반대하면 진보 아닌 것으로 낙인 찍을까봐 걱정하는 인사도 있었고.. 밖으로도 부결되면 한겨레, 경향 등에서 우릴 욕하고 놀릴 것이라는 부담감도 준 것도 사실…" 〈사례13, 노회찬〉

민주노동당이 진보정당으로서 자기 성격을 분명히 하는 조건에서 여성들의 낮은 정치참여를 개선하기 위한 여성할당제는 진보적인 가치를 담는 정책으로서 아무도 공개적으로 부정할 수 없었다. 그래서 남성들은 여성할당제 자체를 반대하기보다는 현실론을 들어 반대할 수밖에 없었다.

"에피소드 중 중요한 게 하나는 (찬반 표결할 때) 꼭 공개투표를 하지 말자고 하는 거야. 공개투표하면 이 부분에 대해서 반대할 수 없는 입장 아니냐. 몇몇이서. 그것은 안 받아 들여지는 것이지. 이렇게 하나하나 이루어지면서 적어도 민주노동당 안에서는 살아 있는 정책이 되었던 거지. 다른 정당으로 옮겨갔고" 〈사례11, 권영길〉

당시 민주노동당 당원들은 평등의 문제는 진보정당의 중요한 가치이고 생명이라는 인식이 형성되어 있는 조건에서 불평등, 성차별을 해소하기 위한 제도로서 여성할당제를 받아들였다. 평화, 생태와 함께 여성의 문제를 해결하는 것이 진보적 가치에 부합되는 것으로 인식하고, 여성의 정치 참여를 이끌어 내는 여성할당제에 가치를 부여했다. 그들은 여성할당제를 제기하는 과정에서 여성들의 조직적인 준비가 부족했음에도 불구하고 통과될 수 있었던 것은 여성할당제가 여성차별을 해소하고 여성들의 삶을 진보하게 만들 것이라는 가치의 힘이었다.

"아주 간단해요. 진보정당에서 생명은 첫째는 평등이니까. 평등사회를 이루기 위해 진보정당을 건설 하는 거든. 평등사회를 이루는데 가장 장애적 요소, 불평등차별적인 표상이 뭐냐. 그거는 여성의 문제이거든.. 우리나라 뿐 만 아니라 세계적으로 그러하거든. 유럽에서도 우리와 비교되지 않는 여성들의 권리가 신장되어 있지만, 거기서도 끊임없이 지금도 여성의 권리 쟁취 문제가 제일 주요 이슈로 되어 있고. 선진국에서 진보정당의 생명은 누구도 부인할 수 없는 여성의 문제를 다루는 것이야. 우리나라에서 유일 진보정당을 표방하는 민주노동당은 평화, 생태, 여성 문제를 다루는 것이었지. 그때 이미 초기부터서 평화, 생태, 여성문제는 등장한 것인데, 꼭 요즘 유행병적으로 따르는 것으로 되는데, 민주노동당 창당 정신이예요."〈사례11, 권영길〉

위와 같이 민주노동당 창당대회에서 당의 최고 권위가 부여되는 당헌을 통하여 여성할당제를 제도로 도입한 배경에는 당내의 기득권이 형성되기 전인 신생정당으로서의 성격도 중요했다.

오장미경은 여성과 민주노동당 관련한 중앙연수원 교육 자료[27]를 통하여 민주노동당이 여성 친화적 정당이 되고, 여성들의 정치참여를 확대하기 위해서 적극적 조치의 필요를 제기했다.

"민주노동당은 여성들이 당당한 사회 구성원의 일원으로서 자신의 정치적 권리를 주장하고 실현시켜 나갈 수 있도록 힘을 모으고 묶어내며 표출해내는 여성 친화적 정당이 되고자 노력할 것이며, 민주노동당의 이념에 근거하여 여성과 관련된 여러 가지 문제들을 정치화시켜 내고 이를 실천해 나갈 것과 여성을 정치와 무관한 것으로 여기는 잘못된 인식과 편견을 없애기 위한 노력을 함과 동시에 여성들을 정치화시켜 내고 훈련시키는 작업을 할 것이다. 또한 우리 사회에서 여성들은 특히 공적 정치부문에서 낮은 지위를 차지하고 있거나 접근이 막혀 있는데, 이를 개선하기 위한 법적 제도적 노력을 경주할 것입니다. 공적 정치부문

27) 오장미경, 2001, "여성과 민주노동당", 민주노동당 중앙연수원

에서의 접근과 권력 확보를 가능하게 하기 위해서 할당제뿐만 아니라 각종 적극적 조치들을 실시하고 이를 위한 노력을 확대할 것이다"

민주노동당이 진보정당으로서 자신의 역할을 중요하게 인식하고 실천하고자 하는 노력 속에서 여성할당제는 도입되고 자리를 잡아갔다.

베이징 여성행동 결의를 현실로

민주노동당은 앞서 언급한 대로 창당을 준비하면서 서구의 진보적인 정책을 수집하고 연구했다. 특히 스웨덴 등 북구 유럽의 사례와 독일, 브라질 등의 사례를 참작한 구상이 많았다. 민주노동당 창당시기인 2000년은 이미 1995년 베이징 여성행동을 통하여 전 세계적으로 여성의 정치참여, 여성의 대표성 강화가 의제로 등장한 시기였다. 구체적으로 여성할당제를 통한 적극적 조치가 중요한 정책으로 제기되었다. 국내에서는 베이징 여성행동보다 앞서 1994년 54개 여성단체가 참여하여 〈할당제도입을 위한 여성연대〉를 구성하고 여성할당제를 사회적 의제로 제기했다. 베이징 여성행동 이후에 여성발전기본법을 통하여 잠정적 우대 조치에 대한 법적 근거가 마련됐다. 최초 민주노동당에 여성할당제를 제기했던 민주노총 소속의 여성 활동가들은 1999년 여성할당제를 연구하면서 서구 사례를 접하였고, 대중 조직에 여성할당제를 도입하기 위해 노력했다. 민주노총 여성할당제 연구 자료인 〈노동조합 내 의사결정기구의 여성참여 확대방안〉에서는 각 나라의 사례를 연구했다.

"독일의 노조에서는 할당제를 많이 실시하고 있고, 브라질에서도 1993년에 도입되었다. 특히 선진국에 속하지 않는 브라질에서 할당제가 관철된 것은 우리에게도 할당제 실현의 가능성이 코앞에 다가왔음을 반영하는 것이다. 1997년에는 브라질의 민주노총인 CUT에서 전체 대의원

의 27%가 그리고 집행위원회의 30%가 여성으로 구성되는 쾌거를 거두었다" (민주노총, 2000)

민주노총 주요 간부들은 해외 교류를 통하여 여성할당제를 접할 수 있었다. 심상정은 전국금속노동조합 활동을 하면서 각 나라의 여성할당제 사례에 대하여 접했다.

"여성 개인이 여성으로서 박빙의 삶을 살아왔고, 금속은 남성중심 조직이예요. 여성에게 너무나 중요한 의제는 기타토의나 짤리는건데. 여성들이 울기는 잘한다고 한다. 여성들이 백치라서가 아니라 마이동풍이라 막막해서 운다. 나 같은 짬밥이 있는 사람은, 회의 전에 위원장에게 악다구니를 쓰면. 겨우 기타토의로 올라가지만.... 해외에서 어떻게 해결했나 보면, 금속노조가 예전부터 독일, 스웨덴, 호주 금속노조와 정기적으로 교류했는데.. 여성할당제가 시행되더라구" 〈사례4, 심상정〉

민주노총은 당시 활발하게 노동조합 운동을 벌였던 브라질 노총(CUT)과 남아프리카노동조합회의(COSATU)와 정기적인 교류를 통하여 각 나라의 정책을 교류했다. COSATU는 1998년 말에 발간한 셉템버보고서[28]를 통하여 노동운동 전략의 중요성이 강조됐다. 이 보고서의 주관자였던 코니 셉템버는 여성할당으로 선출된 부위원장으로서 COSATU 여성할당제 이행을 감독하고 지도하는 역할이었

28) 셉템버(September) 보고서는 당시 코사투 수석 부위원장인 코니 셉템버의 이름에서 따왔다. 한국노동사회연구소가 1998년 말 번역하여 책으로 발간됐으며, 코사투의 전략을 만들어 낸 보고서이다.

다. 이러한 COSATU 사례는 당시 노동조합 활동을 하는 활동가들에게 많은 영감을 주었다. 실제 1999년 남아프리카 민주노총인 코사투(COSATU)를 함께 방문했던 심상정과 박인숙은 그곳에서 여성할당제 시행을 견학하고 이후 한국에서 여성할당제를 주요 의제로 제기할 것을 논의하기도 했다.

> "남아공대의원대회 슬로건이 무슨 우먼라이트를 위하여.. 같은 제목이었어요. 성평등을 위한 주제가 그 대회 주제였어요. 그런 식으로 내쇼날센터(노총)의 공식의제로 다루는 것에 부러웠고." 〈사례4, 심상정〉

한편, 당 여성위원회를 통해 여성할당제를 연구하였던 당내 여성활동가들도 서구의 여성할당제 사례를 연구하고 이를 한국에 접목하고자 했다.

> "이론을 가져가기 위해서 공부를 생각해서 후배 집 아파트를 하루 빌려 합숙했어요. 외국서적을 후배에게 번역하라고 했지. 외국자료를 번역해서 여성주의 공부했어요. 오장미경 샘을 통해서 호주, 스웨덴, 미국의 정당에서 여성할당제 실현, 여성정치 전략과 전술 관련한 공부, 세미나를 했어요. 다른 나라 여성할당제 관련 공부하면서 여성할당제가 활동토대, 물적 토대가 되겠다 생각했어요" 〈사례6, 이선희〉

민주노동당 여성할당제는 한, 두 사람의 노력으로 제도화된 것이 아니라 여기저기에서 동시적인 노력으로 이루어진 것이다. 여성들은 당시 뜨거운 의제였던 여성할당제를 여러 방면으로 학습하고 접하면서 여성들의 공통적인 관심사로 만들어냈다.

1995년 베이징 여성행동 이후에 조성된 국제적이고 사회적인 여성 정치참여 흐름 속에서 여성할당제 요구는 전국적인 요구로 부상했다. 특히, 1994년부터 여성할당제를 요구하며 각종 활동을 전개했던 국내 여성계 움직임은 활발했다. 정부의 권력구조와 정책결정 과정에 여성들이 동등하게 참여할 수 있도록 방도로 마련된 여성할당제는 한국을 비롯하여 현재 100개국 이상에서 실시하고 있는데, 약 3/4이 1995년 이후 지난 15년 사이에 채택했다는 점에서 베이징 세계여성대회가 여성할당제의 세계적인 확산에 미친 영향이 매우 결정적이었음을 알 수 있다(김민정, 2011: 11-12).

여성 조직의 힘으로 임파워먼트[29)]

여성할당제를 이끌었던 여성위원회는 당헌 제정 과정 및 비례후보 여성 홀수 순번 도입, 지역구 여성할당제 도입 등 계기 계기마다 여성을 대표하는 정치활동을 전개했다. 민주노동당 전국 여성위원회는 기본적으로 시·도지부 여성위원장과 부문의 여성대표, 학계와 문화계 등의 전문가로 구성되었다. 시·도지부 여성위원회 및 지역위원회 여성위원회도 여성당원을 참여시켜 구성했다. 여성위원회는 월 1회 정기적인 회의를 진행했고 여성과 관련된 교육사업, 정책사업, 홍보사업 등을 총괄했다.

여성위원회는 여성당원 교육을 위하여 여성정치학교를 정기적으로 개최했다. 원내 정당이 되기 전인 2002년도에는 여성정치학교를 2회 개최했으며, 여기에는 100여명 정도 여성당원이 참여했다. 여성정치학교는 주로 2002년 지방선거를 대비하는 선거전략, 실무교육, 지방선거 공동공약 준비 등의 내용으로 진행되었다. 2004년부터는 매년 300명에서 500명 정도 규모의 여성당원들이 1박2일 동안 여성정치학교로 결집하여 여성들의 정치적 과제를 논의하고 당내 여성세력을 구축했다. 여성정치학교는 민주노동당이 2004년 원내정당이

---

29) 허라금은 임파워먼트(Empowerment) 관련하여 "여성이 공적 영역에서와 사적 영역에서 자신의 여건을 통제하고 협상할 수 있는 행위력을 갖추는 것이라고 포괄적으로 정의하고, 스트롬퀴스트(Nelly P. Stromquist)가 제시한 네 가지 조건으로 첫째, 현실에 대한 비판적 이해력과 둘째, 심리적 자기 존중감 셋째, 자신을 둘러싼 권력(power)의 불균형을 인식하고 이에 대응하는 조직력과 활동력, 마지막으로 자립에 필요한 수입을 창출 할 수 있는 경제적 능력" (허라금, 2011: 69)을 소개했다.

되기 전에는 원외정당으로서 재정적 여건 등 물적 토대가 부족한 상황에서 여성들의 자발적인 노력과 지원으로 진행됐다. 그러나 2004년도 이후에는 민주노동당이 원내정당으로 진출하면서 국고보조금을 받았으며, 국고보조금의 10%를 여성정치발전기금으로 사용했다. 여성 활동을 전개할 최소한의 물적 토대가 마련됐다. 당시 민주노동당은 여성정치발전기금을 운용하기 위한 규정을 제정하고 기금운용위원회를 구성하여 운영했다. 실질적으로 여성위원회가 주요한 주체가 되어 담당했다. 또한 여성 관련한 정책 연구원을 채용하여 여성정책 영역의 전문성을 높였다.

〈표 8〉 민주노동당 여성정치학교 진행 내용

제목	일정	장소	대회 슬로건
1기 여성정치학교[1]	2002. 1	남원 중앙당 연수원	
	2002.3.1~2	대전동구 청소년수련관	
2기 여성정치학교	2004.10.30~31	충주호 리조트	"씩씩한 언니들의 정당, 우리가 만든다"
3기 여성정치학교	2005.10.29~30	무주리조트	"2006 가꿈·나눔·돌봄의 진보정치, 우리가 한다"
4기 여성정치학교	2006.10.28~29	속리산 보은 유스타운	"4기충전 - 내마음을 뺏어봐"
5기 여성정치학교	2007.10.27~28	수안보 사조리조트	"1219 여성이 희망을 쏜다"
6기 여성정치학교	2009.10.31~11/1	제천 청풍리조트	"5전6기, 2010 승리 女 오라"

* 출처: 여성정치학교 자료집 참조하여 표 구성
1) 당시에는 1,2기로 구별하여 개최했으나, 원외 시절 전체를 묶어 1기로 구분함.

〈표 8〉은 제1기부터 6기까지 여성정치학교 진행 내용을 보여주며, 시기별 여성정치학교의 주제와 여성 당원들의 관심을 파악할 수

있다. 특히, 여성위원회는 지방선거와 국회의원선거, 대통령선거 등 굵직한 선거를 앞두고 여성정치학교를 개최했으며, 여성들의 참여와 결의를 이끌어냈다.

여성정치학교 이외에도 여성 간부의 정치 역량 강화를 위하여 진보여성정치아카데미를 매년 정기적으로 개최했으며, 2007년부터 격년 간격으로 여성해외정책연수[30]를 추진했다. 〈표 9〉와 같이 여성정치학교와 진보여성정치아카데미는 강의와 토론, 공동발표 등으로 진행하여 여성의 정치적 역량을 강화하기 위하여 노력했다. 또한 여성위원회는 여성정치인 네트워크 형성과 여성정치 의제를 논의하기 위하여 '여유포럼'을 조직하여 2010년부터 2011년까지 진행했다.

〈표 9〉 여성정치 교육 프로그램

연도/ 교육명	주요 내용
2004년 (2기, 여성정치학교)	진보를 여는 여성의 힘 - 김은진 여성의 정치 참여와 생활정치 - 최순영 성평등 "건강한 성, 즐거운 성" - 박경화 지방자치 "나의 시의회 진출기 - 김기명 일과 여성 "열 받는다! 일하는 여성" - 박인숙 조직사업 "여성당원 확대와 간부 양성 사례발표" - 패널 토론
2005년 (3기, 여성정치학교)	2006 지방선거 정세와 의의 - 김창현 여성이 나서 세상을 바꾸자 - 심상정 "2006 지방선거 승리를 위한 여성당원 전진대회" 여성리더쉽 - 김희은 여성 지방의회 진출 3년, 그 성과와 전망 - 패널토론 진보여성정책 흐름과 전망 - 김원정 소수 여성을 통해 본 여성인권의 현실 - 타리 즐거운 성 건강한 성 2탄 - 박경화 여성과 반전평화 - 이영순

30) 여성해외정책연수는 세 차례 진행되었으며, 2007년 독일, 2009년 일본, 2011년 독일을 방문하여 해외 여성정책 및 여성 정치참여에 대하여 연구하였다.

연도/ 교육명	주요 내용
2007년 (진보여성정치 아카데미)	**[1과정], 6/22-6/23** 정치란 무엇인가 - 김민웅 민주노동당 정치 이념과 진보정치 - 김창현 토론, 회의의 기법 안내 - 박혜경 여성과 정치 - 이영자 영상: 딸들의 나라 핀란드 리더십1, 셀프리더십 - 이상화 리더십2, 나의비젼세우기 - 이상화 리더십3, 커뮤니케이션 소통의 힘 - 김희은 리더십4, 갈등중재 협상훈련 - 김희은 **[2과정] 8/17 - 8/18** 마음을 사로잡는 감성스피치 - 최광기 쿠바 의료정책을 통해 본 공공성 이해 - 윤태호 여론을 통해 본 민주노동당 - 엠브레인 영상: 가나가와네트워크 통일지방선거 보고 한반도 평화통일 정책이해 - 윤지훈 당 대선총선 전략 - 이병길 경제란 무엇인가 - 오건호 총선 어떻게 준비할 것인가 - 유선희, 김미희 진보여성 2008 네트워크 발족식
2008년 (진보여성정치 아카데미)	**호남권 [11월 22일 - 23일]** 경제 - 홍성칠 정치 - 문경희 지역 정치활동 : 이주 여성과 인권 - 한국염 리더십 - 김희은 **충청권 [11월 29일 - 30일]** 정치 - 문경희 리더십 - 김희은 경제 - 김은진 지역정치활동 - 김경희, 최순영 **수도권 [12월 6일 - 7일]** 정치 - 김민웅 지역정치활동 - 문영미 경제 - 김은진 리더십 - 이상화

*출처: 여성정치학교, 진보여성정치아카데미 자료집 재구성

2004년부터 집단지도체계로 최고위원회가 도입되면서 여성할당으로 선출된 최고위원이 〈표 10〉과 같이 직접 여성위원장을 겸임하면서 최고 지도부 회의에 여성 의제를 관철할 힘을 확보했다.

〈표 10〉 민주노동당 역대 여성위원장 명단

시기	여성위원장	비고
1기(2000_2001)	이선희	최순영 부대표 담당
2기(2002-2003)	최현숙	최순영 부대표 담당
3기, 4기(2004-2007)	박인숙	최고위원 겸임
5기(2008-2009)	최순영	최고위원 겸임
6기(2010-2011)	이영순	최고위원 겸임

또한 주요 여성의제를 당내에 제기하고 관철할 때에는 모든 여성 최고위원, 여성 국회의원이 연석회의를 개최하고 여성 리더십으로서 여성 의제를 성사시키기 위한 집단적인 노력을 전개했다. 2005년도 지역구 여성할당제를 마련하는 과정에서 당내 여성리더십들의 공동의 노력은 당내 반대를 불식시키고 관철시켜내는 동력의 하나였다.

"이 안건을 처리하기 전에 김혜경 대표와 여성최고위원, 여성의원들이 연석회의를 개최하여 안 관철을 위한 논의를 했다. 여성지도부 전체가 나서서 언론에도 공개하지 않고 작전을 짰던 것이다. 그러나 준비했던 것에 비해 결의과정은 순탄했다. 중앙위원회 이전에 내가 일일이 파악한 것으로도 좌우파를 막론하고 남성중앙위원은 물론 관점이 뚜렷하다는 여성중앙위원들조차도 지역실정이 어렵다며 고개를 저었던 것에 비하면 너무 쉽게 처리된 것이다." (홍승하, 2005)

민주노동당에서 여성할당제를 법·제도 또는 타 정당에 앞서 관철할 수 있는 조건의 하나는 여성할당제에 의해 여성이 당 지도부에 진출하여, 직접 당 내부로 여성의제를 관철할 수 있는 것이며, 당 내부에 소통하는 정보를 직접 접근할 수 있는 위치를 확보한 점이다. 여성할당제는 여성의 정치적 진출의 단계를 상승시켜 내는 디딤돌이었다. 이 디딤돌은 여성을 평당원까지 여성위원회로 조직해내면서 여성 세력화로 발전시켰다. 성 주류화 정책을 추진하기 위해서는 양성평등 제고를 위한 정부 기구에서 사용 가능한 인적·물적 자원이 실질적인 성 주류화를 위해 매우 중요한 요소(Moser, 2005; Moser and Moser, 2005; 원숙연, 2010: 155 재인용)이듯이, 당 내에서도 마찬가지로 작용했다.

민주노동당 여성위원회는 2000년에서 2003년까지 창당 초기에는 여성주의 의식을 가진 선진적인 여성 활동가들의 결집을 통하여 당헌당규 제정, 비례 여성 홀수 순번 제도를 마련했다. 여성위원회는 다음 〈표 11〉과 같이 2004년 국회에 진출하고 원내 정당으로 대중성을 확보한 뒤에는 일반 여성당원들의 참여를 조직해 낼 수 있는 지역 내 여성주체를 형성해 나갔다. 이에 따라 여성위원회는 2004년 이후에는 거의 모든 시·도지부와 주요 지역위원회(구 지구당)에 산하 여성위원회를 세우고 대중적인 여성 참여의 힘으로 지역구 여성할당제를 만들어 냈다. 반면 창당 초기와 같이 여성주의자들과 전문가들의 결합은 부족했고 민주노총, 전여농, 지역여성회 등 대중조직 출신의 여성들이 주축을 이루었다.

〈표 11〉 민주노동당 여성위원회 구성

시기	중앙당	광역지부	부문
1999년~ 2000년 창당기[1]	최순영(담당 부대표) 이선희(위원장) 홍승하(여성국장)	대구 : 차정옥 인천 : 이희래	노동 : 심재옥,김은주,김진선, 임혜숙(민주노총) 농민 : 이미자(전여농) * 아래 참여자 일부는 비공식 적으로 교류 학계 : 오유석,오장미경, 조은주, 전희경 문화 : 변영주 지역 : 김우 여성 : 전은미, 김기선미
2004년[2]	박인숙(위원장) 장지화(여성국장) 장민혜(여성부장) 김원정(정책연구원) 이선희(성평등교육기획단장) *부위원장: 진00, 윤혜경, 김은진	서울 : 윤혜경 경기 : 차준미 인천 : 김영구 대전 : 권도경 전북 : 김민아 광주 : 최경미 충북 : 홍청숙 경북 : 은영지 대구 : 김혜영 울산 : 박이현숙 부산 : 김은진 경남 : 최영주 제주 : 김혜자 강원, 충남, 전남 준비중	문화 : 서00(마을공동체 교육 연구소) 노동 : 김미정(민주노총) 농민 : 류화영(전여농)
2005년[3]	박인숙(위원장) 장지화(여성국장) 장민혜(여성부장) 김원정(정책연구원) 이선희(성평등교육기획단장) 김향수(자원활동) *부위원장: 윤혜경, 김은진	서울 : 윤혜경 경기 : 차준미 인천 : 이옥희 대전 : 김진화 전북 : 김은숙 광주 : 최경미 전남 : 최순옥 충남 : 김혜영 충북 : 정남득 경북 : 이경희	문화 : 서00(마을공동체 교육 연구소) 노동 : 김미정(민주노총) 농민 : 이정옥(전여농) 학생 : 보리(전여대협)

시기	중앙당	광역지부	부문
2005년		대구 : 김은자 울산 : 박이현숙 부산 : 김은진 경남 : 김미영 제주 : 김혜자 강원 준비중	
2007년4)	박인숙(위원장) 장지화(여성국장) 김향수(여성부장) 김원정(정책연구원) 이선희(성평등교육기획단장) 전정훈(여성위원)	서울 : 이봉화 경기 : 신정숙 인천 : 이옥희 대전 : 박정순 전북 : 준비중 광주 : 황차은 전남 : 최순옥 충남 : 김혜영 충북 : 박상은 경북 : 준비중 대구 : 김은자 울산 : 정현희 부산 : 이화수 경남 : 권지은 제주 : 김영심 강원 : 권종희	문화 : 서00(마을공동체 교육연구소) 노동 : 김지희(민주노총) 농민 : 이정옥(전여농) 학생 : 신예원(전여대협)

* 출처: 이선희 인터뷰, 여성정치학교 자료집, 여성정책연수 자료집 참조하여 표 구성(2002년 최현숙, 2008년 최순영, 2010년 이영순 여성위원장 당시 구성 자료는 기록물 부족으로 누락되었음)
1) 창당기 및 1기 여성위원회 구성 자료는 현재 유실되어, 이선희 구술에 유추하여 재구성
2) 민주노동당, 2004, 민주노동당 2기 여성정치학교 자료집 2쪽 표 재구성
3) 민주노동당, 2005, 민주노동당 3기 여성정치학교 자료집 2쪽 표 재구성
4) 민주노동당, 2007, 2007 민주노동당 진보여성 정치아카데미 자료집 3쪽 표 재구성

이는 시·도지부장과 지역위원회장이 소속 여성위원장을 임명하는 조건에서 당내 주류 세력들과 결합한 여성들의 진출과 무관하지 않다. 여성주의자들은 조직 내 편재보다는 대체로 개인적인 위치에 있었으며, 2004년 이후 당내 주류 세력과는 거리를 두고 있었다. 이러한 여성위원회 구성의 변화는 지역과 부문에 뿌리 내리는 대중성

으로 저변은 확대되었으나 여성주의 관점과 여성의제의 예각 형성은 부족함으로 나타났다. 초기 여성위원회를 중심적으로 이끌었던 여성들은 이후에 성정치 방향으로 역할을 강화했다. 2008년 1차 민주노동당 분당 이후에 이들 상당수는 진보신당으로 합류하여 성정치위원회를 구성하고 성소수자 정치, 섹슈얼리티 정치에 역점을 두었다.

2000년 여성할당제 도입 이후, 여성할당제를 채우기 위한 노력은 험난했다. 그동안 여성들이 진보운동의 중심으로 기회와 경험을 갖지 못한 상황에서 바로 여성을 대변하기 위한 시간은 많은 우여곡절과 노력이 필요했다. 참여할 여성이 없다는 것이 여성할당제를 반대하는 주요한 근거가 될 정도로 여성들의 발굴은 어려운 문제였다.

> "초반에 굉장히 거칠었죠. 중앙위원회에서도. 당헌 당규 제정 내부토론 전에도 창당중앙위 거치는 상황에서 진보정당이라고 너무 급진적으로 형식논리에 치우치는 것 아니냐. 역량상태, 수용 보고 해야지. 하지말자는 것이 아니라 현실에 맞게 속도를 맞춰가자는 것이라는 말. 현실에서 여성도 별로 없는데 형식적으로 하고. 부실하게 하면 여성에게 도움되냐. 특히 비 도시지역에서는 기본 인구가 여성인구가 적잖아요. 여성을 구하기 어려우니, 가라로 당원을 억지로 올려둘 수밖에 없다는 등 격렬하게 반발하는 대표도 있었죠." 〈사례13, 노회찬〉

이러한 어려움을 극복하기 위해서 여성위원회는 전국을 순회하면서 여성들을 교육하고 설득했다.

"여성후보 발굴과 지원방안 마련을 위한 간담회'라는 거창한 제목을 붙였지만 얼마나 효과를 낼지 막연하기만 하다. 발굴이라니…. 좋은 의미로 사용한 것이지만, 우리 당(민주노동당)에서 활동하고 있는 수많은 여성들을 대상화시키는 시건방진 말로 들릴 수도 있을 것이다. 그러나 발굴해야 할 이유는 있다. 지구당에서 열심히 활동하고 있는 분들임에도 불구하고 선거참여는 아예 고려하지 않고 있는 것이 현실이었다. 당선 유력 지역인 창원에서조차 여성후보에 대한 가시화된 내용이 없으니 다른 지역은 더욱 더 그러할 것이다.

민주노동당이 이제 창당 2년을 넘기고 있는 신생정당이기는 하지만, 당원들이 대부분 십 수 년 이상의 진보정당 혹은 여러 분야의 운동 경력을 지닌 사람들이다. 대부분의 남성들은 정치지향을 가지고 있고, 구체적 계획을 가지고 있는 것 같은데 여성들은 선거참여에 대해 현실적인 고려를 하지 않고 있다. 이것은 우리 사회에서 여성들이 받는 차별과 억압, 그 중에서도 가장 극심한 정치영역에서의 불균등한 현실이 진보정당인 민주노동당 내에서도 예외가 될 수 없음을 보여주는 것이다" (홍승하, 2006)

여성 발굴의 어려움은 2004년 국회 진출 이후에도 계속됐고, 지역구 여성할당제를 추진하는 과정에서도 매번 어려움에 봉착했다. 당내에는 매번 현실론을 내세워 여성할당을 완화하려는 움직임과 당선이 불투명하다는 이유로 여성 스스로 출마를 기피하는 경향이 나타났다. 그러나 상대적으로 비례대표 여성후보 또는 당선 가능성이 높은 지역구에서는 경쟁이 심화됐다. 여성위원회는 2010년 지방선거를 앞두고 당시 지도부에서 여성할당 완화 방침을 추진하려고 할 때에도, 여성들의 힘을 모아 지역구 30% 여성할당제를 지켜내고 후보를 발굴했다.

> "여성의 입장에서도 여성할당제는 어려움이 많습니다. 어쩌면 지금 우리 여성당원중의 대다수도 30% 강제할당이 대충 처리되고 자신이 책임을 덜 지고 싶은 마음도 클 것입니다. 여성할당제를 실현하기 위해서 여성당원들도 고초가 큽니다. 오죽했으면 오랫동안 여성할당제를 하고 있는 서구에서도 여성들이 '나도 출마하지 않을 권리가 있다'라는 책을 낼 정도이니까요. 그러나, 지금 멈출 수 없습니다. 어렵다, 어렵다 해도 지난 2006년 지방선거, 2008년 총선에서 여성들은 당당하게 몫을 다했습니다... 그냥 나서지 못하기 때문에 여성할당제라는 제도를 지렛대로 하여 여성당원을 이끌어 내자는 것 입니다. 적극 검토하여 확실하게 내년 지방선거에서 지역구 30% 여성할당제가 가능할 방침을 결정하고 지금부터 뜁시다." (박인숙, 2009)

씩씩한 언니들의 정당

선출직과 임명직에 여성할당 30% 제정에 의해 당 지도부 선출 및 의결기구에 여성할당 30%가 실현됐고, 선출하지 못했을 때는 공석으로 두었다. 그러나 사무처를 비롯한 '모든' 곳에 할당제가 실현되지는 못했다. 민주노동당은 2000년 총선에서 21명의 후보를 출마시켰지만 그 중 단 한 명도 여성후보가 없었다. 당의 여성적 관점과 실천의 한계이기도 했고 준비된 여성이 없다는 것을 그대로 반증하는 것이기도 했다(홍승하, 2001). 그렇지만 최고 지도부를 비롯한 의결기구에 여성을 참여시키면서 다음을 준비할 수 있는 근거를 마련했다.

여성할당제는 중앙위원, 대의원 등 의결기구에서 가장 먼저 정착됐다. 2000년 1월 29일 창당대의원대회를 앞두고 사퇴한 박용진의 글에서 여성할당제가 엄격하게 지켜졌음을 알 수 있다. 박용진은 성북강북지부에서 창당대의원으로 선출됐으나 여성할당제를 지켜내지 못해 창당대회를 하루 앞두고 사퇴했다.

> "저는 비록 대의원직을 사퇴하지만 제게 맡겨진 역할과 책임은 최선을 다해 수행할 것입니다. 제가 사퇴를 하는 것은 '여성할당제 30%'를 지키내지 못한 지부의 주요 활동가로서의 정치적 책임을 다하고자 하는 것이며 향후 수 백년을 민중과 함께 투쟁하고 성장해갈 당의 원칙인 '여성해방을 통해 전 인류의 해방을 이루고, 전 인류의 해방을 위해 여성의 해방을 주창'해야 하는 우리 당의 사명을 지켜내기 위해서입니다. 또한

진보정당 창당추진위 시절부터 논의되고 확인되어 왔던 여성할당제의 정신을 당 초기에서부터 어겨서는 안된다는 사실을 전 당원에게 확인시켜주는 전범이 강북·성북 지부여야 한다는 생각이 있었기 때문입니다." (박용진, 2000)

중앙위원과 대의원의 30%를 여성으로 할당하였으나 여성을 발굴하기 어려운 곳은 공석으로 두었다. 초기 양상으로는 여성할당 숫자를 채우기 위해 여성들의 이름을 올려놓고 실제 활동은 하지 않는 모습도 곳곳에서 드러났다.

"속된 말로 대의원대회 할 때 명단 긁어 붙이고. 대의원대회 할 때 여성할당제 해야 하니까. 여성들에게 충분히 교육하고 준비하기 하기 보다는 빈자리 채우기 바빴다 지역위원회에서도.. 그렇게 해서 키우지 않았나 역설적으로 얘기 할 수 있지만. 형식적인 것이 많았다." 〈사례14, 신언직〉

초기에 여성들은 회의에 대한 운영 경험이나 지식의 부족에서 오는 미숙한 모습이 드러나기도 했다. 초기 중앙위원회 또는 대의원대회에서는 이러한 미숙한 모습에 대해 남성들의 야유가 있기도 했으며, 여성 내부에서 문제제기도 있었다.

"어떤 여성 중앙위원이 질의를 했는데, 화끈거릴 정도의 질문을 했어. 남자들이 할당제를 해서 이런 식으로 하냐고 했고. 쑥덕거렸어요. 쉬는 시간에 차수련씨도 나를 불러 사람도 채우지 못하고, 보내면 저렇게 되니 뭔가 해결책이 있어야 한다고 했어요. 초창기에는 서로 좀 황당한 발언 많았어요. 나도 듣다보면 좀 그런 발언 많았어. 특히 지방을 가면 더욱 그랬고. 수정동의안 등 회의 규정조차도 인식하지 못해 반대한다, 찬성한다고 도중에 얘기하는 해프닝이 있었고. 여전히 부족했죠. 어느 정도 지나니까 정착이 되고 있었어요." 〈사례3, 김진선〉

여성할당제는 이러한 과정을 통하여 여성들을 훈련시키고 공식적인 정치 무대로 이끌어 냈다. 여성들은 의결기구에 참여하여 여성들의 목소리를 대변하고, 조직했다. 여성 의제 주류화의 성공적인 수행을 위해 필요한 전제 조건 중에 하나는 의사 결정 과정에 여성의 참여를 확대하는 것이다(Council of Europe, 1998; Lombardo, 2005; Walby,2005; 원숙연, 2010: 157 재인용). 민주노동당 여성할당제는 의결기구에서부터 여성들의 참여를 이끌었다.

민주노동당은 아래 〈표 12〉와 같이 2000년 당 지도부를 구성하면서 여성할당제 30%를 적용하여 1, 2기 대표단에 김혜경, 최순영이 진출했고, 2004년 원내 진출이후에는 최고위원회라는 집단지도체제가 도입되면서 최고위원으로 여성 30%가 진출했다. 특히 2004년 원내 진출 이후 당직에는 공직자가 진출할 수 없는 당직공직겸직금지 제도가 많은 논란 끝에 채택되면서, 10명의 국회의원과 각종 공직자들은 당직을 겸할 수 없게 됐다. 이 제도는 2008년 분당 이후 폐지됐지만, 제도가 운영되는 동안에는 원외 인사를 중심으로 지도부가 구성됐다. 당 지도부 구성은 2004년부터 정파별 치열한 경쟁 구도 속에서 정파별 역관계에서 결정됐고, 여성할당제에 의해 진출되는 여성들도 정파 질서에 강한 연관성을 가지고 있었다.

〈표 12〉 여성할당 지도부 진출 현황

시기 구분	여성할당 지도부	비고
1기 대표단 (2000~2001)	부대표: 김혜경, 최순영	보궐선출
2기 대표단 (2002~2003)	부대표: 김혜경, 최순영	
1기 최고위원회 (2004~2005)	최고위원: 김미희, 박인숙, 유선희, 이정미,	2004년 국회의원 원내 진출이후 당직공직겸직금지제도 도입으로 국회의원은 당직 겸임할 수 없었음. *당대표: 김혜경(여)
2기 최고위원회 (2006~2007)	최고위원: 김은진, 박인숙, 심재옥, 홍승하	
3기 최고위원회 (2008~2009)	최고위원: 이영순, 최순영, 우위영	2008.2. 분당 당직공직 겸직제도 폐기
4기 최고위원회 (2010~2011)	최고위원: 우위영, 이영순, 최은민	*당대표: 이정희(여) *농민할당 최고위원: 윤금순(여)

민주노동당 당 대표에 여성으로서는 김혜경, 이정희와 비상대책위원장으로 심상정이 진출했다. 이렇게 여성들이 당내 최고 지도부로 등장할 수 있었던 것은 여성할당제를 통한 부대표, 비례국회의원 등으로 진출했기 때문에 가능한 일이었다. 여성들의 리더십 진출을 위한 첫 단계에 여성할당제라는 디딤돌이 작동한 것이다. 여성들이 할당제를 요구할 때 마다 중요하게 근거로 제시했던 "자리가 사람을 만든다"라는 말은 현실로 가시화 되었다. 이렇게 여성할당제를 통하여 한 번의 벽을 넘은 여성들은 다른 벽을 넘을 수 있는 기회를 가질 수 있었다.

여성위원회는 2007년 대통령선거 민주노동당 후보 경선에 참여한 심상정에 대하여 환영성명[31]을 발표하고 "남성 중심의 가부장적인 한국 정치에서 그동안 여성의 정치 참여 확대를 위한 끊임없는 투쟁이 있었다. 당내 대선 후보 경선에 여성의 참여는 그동안 당의 여성 정치세력화의 성과이다. 아울러 심상정 후보가 '생물학적 여성' 을 넘어 '여성 의식' 과 실천이 분명한 여성정치인이라는 점에서 그 출마의 의미는 남다른 것"이라고 환영했다. 여성위원회 내에는 다양한 정치적 견해가 존재하고 각자 지지하는 대선후보가 있었지만, 심상정 후보의 대통령 후보 경선 참여를 한목소리로 환영할 수 있었던 것은 여성으로서 연대의 표현이었다. 민주노동당 여성할당제는 여성들을 정치의 중심으로 이끌어내고 여성리더십을 형성하는 디딤돌로서 결정적인 역할을 했다.

31) 민주노동당 여성위원회 논평. 2007. 3. 7. "심상정 의원의 대통령 선거 경선 후보 출마 선언을 환영한다"

아름다운 왕따들의 분투

초기 여성들이 정치에 진출하기 위해서는 그동안 정치에 대한 선입견과 남성 중심의 정치문화에 대한 전환이 필요했다. 특히 민주노총에 의해 형성된 정당으로서 노동자 중심성이 강한 상태에서 여성들의 정치참여에 대한 인식은 매우 약했다.

"민주노동당은 여성의 정당이기 보다는 남성의 정당이고 생산직 노동자. 어떻든 대의적으로는, 구성적으로는 상당히 남성이 많았죠. 정치지도자도 노동운동에서 지도부를 수혈할 때 실제로 민주노동당 자체 여성도 없었을 뿐 만 아니라, 노동운동에서 여성들이 정치를 해야 한다는 것이 노동운동 내부에서 터부시 되지 않았나?" 〈사례16, 임진수〉

2000년 울산 동구청장 보궐선거에 출마했던 이영순의 증언에 따르면, 출마 과정에서부터 여성이 정치에 나선다는 것 자체에 대한 부정적 선입견이 컸고, 이에 따른 부담감으로 두 배, 세 배의 노력을 기울여야 했다고 한다. 여성의 정치 참여는 각 개인주체의 정치적 역량 발휘 뿐 만 아니라, 여성 대표 주자로서 역량까지 확인시켜야 하는 이중적인 역할과 책임감으로부터 자유롭지 못했다.

"엄청났어요. 행정경험도 없고 여성이고, 모든 불리한 상황에서 출마했는데. 경쟁 야당에서 지원 유세 중에 여자가 집에서 애나보고 빨래나

해야지 라고 유세하더군. 그런데 아무도, 지역 여성단체에서도 문제제기 하지 않았어요. 그런 분위기에서 여성이니까 그렇지 할까봐 여성으로서 부담감이 컸어요. 두 배, 세 배 잘해야 다음 여성이, 여성도 잘할 수 있다고 생각해서… 여성구청장이기 때문에 여성들이 필요한 것 노력하려고. 제일먼저 공무원 여성간부들을 만났어. 여성들이 한 얘기가 충격인데. 여자구청장이니까 잘 봐달라고 하는 것이 아니라 여성에게 기회를 달라고… 그동안 여성들은 민원실, 사회복지만 시켰는데 인사부, 총무부에 가 본적이 없어서 여자가 일 못한다고 얘기한다고. 그래서 여성을 총무부에 인사했는데. 거기서 한계가… 부부 공무원들이 많은데, 여성공무원들이 육아를 담당하니까. 늦게까지 하지 못하니까. 그냥 동사무소에 있겠다고 하는데… " 〈사례7, 이영순〉

여성에 대한 이중적 시각은 여성을 여성이라는 정체성으로만 인정하고, 여성이 노동자, 농민 등을 대표할 수 있는 주체로서 인정하지 않는 문제이다. 남성은 남성이면서 노동자, 농민 등 전체를 대표할 수 있지만, 여성은 여성일 뿐이라는 시각은 여성들의 이중 감옥과 같이 두 배의 어려움으로 나타났다.

"울산에서 제일 큰 고민은 남성노동자가 여성할당제로 인해 줄어들었다는 것. 그래서 이번에는 여성노동자를 공천했는데, 남성노동자 입장에서 노동으로 보기보다는 여성으로 보더라구요" 〈사례7, 이영순〉

그동안 진보진영에서는 노동운동을 중시하면서 정치에 참여하는 것은 출세주의로 폄훼하기도 했다. 여성들에게 정치는 더욱 먼 일이었다. 그러나 여성할당제라는 강제 제도가 도입되면서 그것은 여성들을 당직과 공직으로 이끌어내는 강한 제도적 힘을 발휘했다. 초기 여성할당제를 통하여 등장한 여성들은 그동안 정치적 경험이 부족했지만 스스로 정보를 모으고 역량을 갖추기 위하여 많은 노력을 기울였다.

"여성할당제는 여성들의 정치참여를 위해 결정적 역할을 했다. 활동가들이 여성할당제로 정치인으로 성장가능하고. 이 제도 없이, 수많은 남성과 경쟁으로 뚫을 수 없다. 중요한 역할을 했고, 발판이 되었죠. 평범한 사람도 여성할당으로 역할을 맡을 때, 그에 걸 맞는 정보를 가지려고 노력했다."〈사례5, 심재옥〉

2002년 광역비례대표로 의원이 되었던 9명의 여성의원들은 누구에게도 도움 받기 어려운 상태였다. 민주노동당은 의정활동 경험이 거의 전무인 상태에서 당선된 지방의원들의 활동을 지원할 역량이 부족했다. 여성 지방의원들은 스스로 격월로 정기적인 모임을 개최하여 함께 학습하고 자신들의 의정활동 경험을 나눴다.

"울면서 다니는 분도 있었어. 9월 정도에 쭉 전화해보니까. 모두 우는 상황이야. 말로 못할 고통이었지. 이경숙의원이 자살하고 싶다고 어려운 심정 호소하셨어. 그때 한참 일했는데, 우리가 벌판에 던져져서 너무 힘들겠구나. 그래서 무조건 모이자고 했어. 11월인가에 화곡동 쪽 청소년 수련원에서 모여 밤새 울고 웃고 했어. 별별 에피소드를 쏟아 내면서 우리 위치 확인했어요. 당이 소집한 것이 아니라 내가 소집했지. 당시 김혜경 부대표와 노회찬 총장이 와서 점심 사주시고 격려해주시고 가셨어. 그때 당도 고민을 하고 있었는데, 재정도 사람도 없었지. 그날 각자 이야기를 쏟아내고 나서, 3달에 한 번씩 꼭 모인다, 뭔가 당에 도움이 되는 전략적인 사업을 하자. 1기 비례대표가 노력해보자고 했어요. 임기 끝날 때까지 빠짐없이 모였어요. 모이면 각자 의정활동 보고하고 자료도 나눠주고, 의정활동보고서도 공유하고, 비슷했어. 해고자 지원, 공공성.. 중간에는 공부하자고 했어" 〈사례5, 심재옥〉

2010년 지방선거에서 최대 의제가 되었던 친환경무상급식 운동의 단초를 마련한 것도 이 모임을 통해 시작됐다. 2003년도 전남에서 전종덕 도의원이 중심이 되어 학교급식 관련한 지역 농산물과 우수 농산물을 사용할 시에 차액을 지원해 주는 학교급식지원조례는 전국 최초로 주민발의 운동을 통해 만들어졌는데, 이 운동의 초기 구상은 이 모임에 의해 이루어졌다.

"초반부터 공동으로 할 수 있는 일이 없을까 고민했어요. 학교급식 문제를 초창기에 고민했지. 박창규, 이빈파, 내가 만나서 조례 초안도 만들었어. 학교급식 같은 것이 대중적 호감도 있고 아이들 건강에도 좋고, 말랑말랑 의제였고. 그때 학교급식 개판이었거든 수세미도 나오고... 전종덕이 맨 처음 가져다 해보겠다고 했었어. 전남은 농도이고, 아이들과 결합해서. 전종덕이 정말 잘했어. 주민들과 아이들과 함께 걷기 대회도

하고 크게 판을 벌여 했어. 국토순례도 하는 모습보고. 우리도 하자고 했어. 전남이 되면. 서울, 경기가 해야 이 문제가 전국적 의제가 된다고 생각했지" 〈사례5, 심재옥〉

학교급식조례 제정운동이 일으킨 반향은 컸다. 학부모들이 운동의 주체로 나선 점, 지역주민들의 광범위한 호응이 있었다는 점 등이 그것이다. 조례제정 서명운동은 시작하기 무섭게 속도가 붙어 전국적으로 말 그대로 들불처럼 번졌다(최기영, 2009: 258). 학교급식조례 제정운동은, 우리나라 지방자치 정치에서 주민 참여 정치의 모범으로 기록되고 있으며, 같은 조례가 16개 광역과 200여개 기초단체의 조례 제정으로 확산되었다. 조례운동 형태는 상당수가 주민발의에 의한 주민 참여 운동으로 진행되었다.

2002년 당선된 광역비례의원들은 왕따[32]를 자처하며 고군분투했다. 첫 번째 비례 홀수 순번으로 당선되었던 이들은 모두 최우수 의정활동을 전개하여, 당 내외로부터 여성할당제에 대한 우려를 불식시켰다.

"9명 비례대표 의원들이 실제 잘했거든. 당적으로 당인으로서 자세가 충만했고. 어떻게 해서 당에 기여하고 복무하려는 모습이 당내에서 의구심을 일소했다. 일만 잘하는 것이 아니라 당을 위해 노력하는 모습이 누구도 문제 제기할 수 없는 상황이었다" 〈사례5, 심재옥〉

32) 2002년 당선된 민주노동당 여성지방의원 9인들의 의정활동 이야기는 『아름다운 왕따들 - 민주노동당 여성지방의원 9인의 이야기』(권은정, 2006)로 발간했다.

여성할당을 통해 진출한 여성의원들은 지방의회는 물론 국회에서도 두각을 나타냈고, 대부분 우수의원으로 의정활동을 펼칠 수 있었다.

"여성할당 50% 해 놓으니까 보기도 좋고 진출한 여성들이 열심히 활동했고.. 비례 광역의원들도 열심히 활동했죠. 젠더를 떠나 두각을 내고, 열심히 활동했다. 광역비례의원들도 초기임에도 불구하고 아무도 관심두지 않고. 아무도 의정 경험없는 상태에서 자기들이 스스로 발로 뛰면서, 고민하면서.. 모두 최우수 의원도 하고 상도 받으니, 당원들도 잘하는 구나 평가했죠" 〈사례1, 김원정〉

여성할당제를 이끌어 냈던 여성들은 지속적으로 여성할당제가 확대될 수 있도록 노력했다. 또한 그들은 여성위원회를 통하여 여성의제를 당내외로 확대하고, 여성의 정치적 역량을 확대하는데 많은 노력을 기울였다. 2004년 원내 진출이후 여성정치발전 기금이 주어지면서 여성위원회가 물리적 역량과 힘을 가지고 여성들의 정치활동을 지원했다. 여성할당제를 통해 진출했던 여성의원들의 활동도 활발하게 진행되면서 여성위원회의 힘과 여성들의 힘을 결집할 수 있었다.

"꽤 크지 않았나요. 여성 활동을 적극적으로 하지 않아도 반 여성 활동을 한 적이 없고. 최소 우호적이거나 적극적 활동했다. 할당제는 내용이 아니라 형식이고. 어떤 여성관련 활동 컨텐츠는 어떻게 강제되고,

할 수 있는 기운, 전반적 서포트, 이것이 전반적으로 강하면 이쪽으로 끌어오고. 여성위원회가 강하고 조직력과 단결의 정도가 엄청 강했다. 여성의원들이 진보여성 한마당에 모두 와서 얼굴을 비춰야 했죠. 할당제를 통해 진출한 여성들을 강제할 수 있는 분위기, 의제에 관련한 활동도 제안되고.. 잘 할 수밖에 없었다" 〈사례1, 김원정〉

2004년 총선에서 여성들이 대거 국회의원으로 진출하자 서울대 교수 박찬욱은 "여성의 대표성이란 측면에서 여성 진출은 더 확대되는 게 바람직하다"면서 "그러나 여성들이 선거 막판에 갑자기 충원됨으로써 의정 경험 부족 문제가 우려된다"고 지적했다.[33] 이와 같은 우려는 민주노동당 안에서도 2002년 지방선거 여성 홀수 순번 첫 시행 때 나왔지만, 당선된 이후에 보여 주었던 여성들의 정치활동 성과로 인하여 더 이상 여성의 역량 부족에 대한 공식적 문제 제기는 사라졌다. 민주노동당은 이미 2000년부터 당직을 통한 여성정치 경험과 2002년부터 비례 여성할당제를 공식화하고 준비해 왔기 때문이다.

그러나 의결기구에 여성할당제 적용은 여성 참여의 부족으로 선출에서 어려움을 겪었고, 이미 구성된 의결기구 내에서는 정파 질서 작동으로 여성 정치역량을 제대로 구축되지 못했다. 여성들은 여성들의 이해관계와 역할을 강화하는 과정에서는 정파를 떠나서 여성 협력했지만, 그 외 정치적 결정은 정파 입장이 강하게 작용하였다. 이는 정파 질서만의 문제가 아니라, 여성위원회가 젠더 의제를 지속

33) 중앙일보, 2004.4.27, "올해는 여성정치 원년… 초월해 정책 협력"

강화하는데 역량이 부족했다. 또한 여성할당으로 진출했던 여성들이 어떠한 여성주의를 구현했는가에 대한 평가에서는 일부 아쉬움을 제기하기도 했다.

> "원내 진출할 때 상당히 기대했지만, 여성의원으로서 여성주의 국회의원으로서는 잘 모르고, 아쉽다는 평가" 〈사례6, 이선희〉

민주노동당의 대다수 여성 지도력과 선출된 공직자들은 민주노총 또는 전여농, 여성단체, 시민단체 등에서 활동하다가 당으로 진출한 경우가 많았다. 해당 분야에서 10년에서 20여년 이상 활동을 통해 성장한 여성들은 여성주의적 인식에서는 부족함이 많았다. 당 활동과 여성위원회 활동을 통하여 비로소 여성의식을 형성해 가고 있었다. 초기 활동 과정에서는 명예 남성으로 칭해지기도 했지만, 꾸준한 성평등 교육과 여성 활동을 통하여 점차 변화, 발전해 나갔다.

17대 국회 여성 국회의원들에 대하여 김현희와 오유석은 "그동안 여성들의 정치활동으로 손꼽을 수 있는 것은 2005년의 호주제 폐지를 들 수 있다. 호주제 폐지와 관련해서 여야 여성의원들의 협조가 돋보였고 여성부, 법무부와의 연계도 잘 이루어졌다. 또한 성평등 관련 법률이 17대 국회에서만도 총 108건에 이르고 있다. 이것은 할당제를 통해 선출된 여성들이 단지 '상징적 인물(tokens)' 또는 '대리여성(proxy women)'이 아니라, 17대 국회에서는 실제 의정활동을 통해서 여성과 여성의 이해를 대표했다(김현희·오유석, 2010: 150-153)"고 평가했다.

그러나 이러한 여성들의 활동이 정치 문화와 여성들의 삶의 변화에 어떠한 기여를 하였는가에 대해서는 여전히 부족한 문제로 제기되고 있다.

"할당제가 여성들의 의결권 진출에 도움이 되었고, 여성들의 진출에 저항감을 없애죠. 여성들이 의결구조에 들어와서 토론 문화 등이 바뀌어 졌나? 별루. 여전히 여성들이라고 정파구조나 정치구조에서 자유롭지는 않다는 거죠. 여성자체 독립적 아이덴티티가 없는 것 같아. 나도 잘 모르겠어….

여성들이 정치적으로 진출했는데, 대한민국 여성의 삶은 뭐가 변화했는지? 더 어려워졌어. 여성정치인 각성해야해. 상층의 여성들에게 기회를 준 것 말고. 여성의 대표로 나가서 그렇게 노력하지 않는 것은 비판해야 돼. 정파를 타고 넘어왔어도 할당에 맞는 역할을 무엇을 할 것인지 물어야 한다. 우리사회 전반의 여성을 위해 무엇을 할 것인가. 무엇을 기여할 것인가 물어야. 정치에서 여성할당으로 주어진 기회가 제대로 쓰여 지고 있는지 물어야 한다" 〈사례5, 심재옥〉

성평등 정치의 새로운 시도들

민주노동당은 여성할당제 도입과 함께 성평등한 당 문화를 실현하기 위해서 2001년 '성차별·성폭력·가정폭력 방지와 처리에 관한 규정'을 제정하였다.

민주노동당 여성위원회는 KBS 강철구 사건과 여러 사회적 논란이 되었던 성폭력 사건을 여성주의 관점에서 해결하기 위해 함께 노력하였다. 특히, 초기 여성위원회 여성위원 일부는 영페미니스트 운동 진영이 이끌었던 '운동사회 성폭력 뿌리 뽑기 100인 위원회'[34]에 참여하여 운동사회 내 남성 중심 가부장 문화와 성폭력 문제를 사회적으로 제기했다.

> "백인위원회 활동 초기에도 제안이 온 것이다. 다른 당에는 제안하지 않고 민주노동당 여성위원장에게 직접 제안이 와서 민주노동당 여성위원장으로서 백인위원회 참석했다" 〈사례6, 이선희〉

2004년 첫 진출한 국회에서 여성의원은 물론 10명의 민주노동당 의원들은 여성국감이라는 주제를 정하고, 각기 상임위에서 여성의제를 발굴하고자 했다. 그들은 성인지적 국감을 통한 성 주류화를 시도하고자 했다.

34) 2000년 12월 '운동사회 성폭력 뿌리 뽑기 100인 위원회'가 16건의 성폭력 사례를 가해자 실명 공개 형식으로 발표한 이후 그 반향은 매우 컸다. (엄혜진, 2009: 32)

"모든 의원들이 여성국감을 추진하게 되었어요. 의제를 함께 기획하고. 말이 기획이지, 이것 할까 저것 할까 고민했죠. 모두 성평등 의제를 던졌죠. 다들 협조적이고 모두 잘했어요. 여성의원들은 물론 열심히 했고. 욕심 많은 노의원도 열심이었죠. 각 의원들에 전업은 아니지만 여성 의제를 담당하는 보좌관이 대부분 있었죠. 상당기간 그 구조가 진행 되었죠" 〈사례1. 김원정〉

또한 여성위원회는 지역구 선출직 여성할당제 도입에 앞서 2006년 7월 중앙위원회를 통하여 전 당원 연 1회 성평등 의무교육을 추진하여 통과시켰다. 모든 당직·공직자 및 선거 출마자는 반드시 성차별·성폭력·가정폭력 예방교육을 포함한 당내에서 실시하는 성평등 교육을 연 1회 이상 이수하도록 당규를 개정했다. 선거규정을 통하여 당직자 선출 등록 서류와 공직자 선출 등록 서류에 필수 양식으로 성평등 교육 의무 이수 확인서를 첨부해야 한다. 당직후보자의 경우에는 서약서를 통해 당선 후 3개월 유예 하여 교육이수 할 수 있으며, 만약 이수하지 않을 시에는 권한이 중지된다. 이 성평등 의무교육은 공직후보자의 경우에는 등록마감까지 의무 교육을 이수하여 확인증을 접수해야 후보 등록이 가능한 강력한 강제력을 가지고 있었다.

여성위원회는 산하에 성평등교육기획단을 두어 자체 강사단을 양성했고 전국에서 진행되는 성평등 교육을 주관했다. 성평등 의무 교육이 당내 제도로 정착된 이후부터는 장애 평등 교육이 의무 교육으로 포함되어 진행됐다. 성평등 의무 교육에는 전문가 강의 등의 방법으로 2시간 이상 실시하여야 하며 ①성차별·성폭력·가정폭력 관련 법령 및 당규 해설, ②사건 발생 시의 처리절차 및 조치기준, ③피해자에 대한 고충상담 및 구제절차, ④가해자에 대한 징계 등 제재조치, ⑤성소수자의 인권 보호와 성정체성에 의한 차별과 폭력의 금지 등 성소수자에 대한 교육, ⑥성평등 문화 조성을 위한 방안 등을 포함하여야 한다. 이는 성평등한 인식과 문화, 소수자에 대한 인지력을 만들어 내기 위한 노력이었다.

앞서서 나가니, 타 정당과 제도 변화 이끌어 내다

민주노동당의 여성할당제는 다른 정당을 견인하는 역할과 법제도를 추동하는 효과를 발휘했다. 공직선거법은 2000년 2월에 비례후보 30% 여성할당제 도입에서 부터, 2005년 비례후보 50% 이상 여성할당제 및 홀수 순번 여성추천제, 지역구 30% 여성할당제 추천 노력, 2010년 지방의원 1명 이상 여성 할당제를 법제화 시켰다.

그러나 〈표 13〉과 같이 민주노동당의 여성할당제는 이미 1999년 6월 창당 준비과정부터 여성할당제를 실시했고, 2000년 1월 창당 당헌을 통하여 모든 선출직과 임명직에 여성할당 30%를 의무적으로 실행하도록 했다. 공직선거에 있어서도 2000년에 공직선거법으로 비례후보 30% 이상 여성후보를 추천하도록 했지만, 민주노동당은 2002년 여성 비례후보를 50% 이상 홀수 순번을 의무 적용하도록 결정했다. 지역구 할당제는 공직선거법이 2010년에야 1명을 여성 할당하도록 했지만, 민주노동당은 이미 2006년 지방선거부터 지역구에 여성할당을 강제하고 있다. 이처럼 민주노동당 여성할당제는 공직선거법에 앞서 당내 제도를 통하여 의무적, 강제적으로 실현하여 법제도 변화를 이끌어 냈다. 당시 지역구 30% 권고 조항을 지키고 있는 정당은 민주노동당 뿐으로 그것이 가능한 이유는 당헌당규에 명문화되어 있기 때문이다(김민정, 2011: 11).

민주노동당 여성할당제는 법·제도화에 앞서 실행되어 다른 정당

〈표 13〉 여성할당제 제도화 과정 비교표

시기	여성계 법·제도 운동	법·제도 개선	민주노동당제도 도입
1990년대 이전	여성할당제 건의		
1994년	-국회여성특별위원회 초청간담회 -1995년 지방선거에 여성공천 20%, 광역의원 비례대표 10% 도입 및 여성 50% 공천촉구 -15대, 16대 총선에서 비례대표직 여성 30% 할당촉구		
1995년		① 여성발전기본법 제정: 1995. -잠정적 우대 명시	
1998년	-정치관계법에 여성대표성 확보를 위한 공청회 개최 및 정당에 공천할당제 도입 촉구		
1999년			① 진보정당창당추진위원회 여성할당제 규약 채택 -1999. 6.13 창당추진위원회 운영위원회 여성 30% 이상 할당 -1999. 8 창당준비위원회 규약대의기관, 집행기관 등에 30% 이상 할당 규정 -창당대의원, 중앙위원 여성30% 이상 할당
2000년	-여성후보 추천운동 -정치관계법 개정 건의	① 정당법개정: 2000.2.16 신설 -제31조(공직선거후보자의 추천) 정당 비례대표 후보자중 100분의 30 이상을 여성으로 추천하여야 한다.	① 2000.1.30 창당 당헌 채택 -모든 선출직과 임명직에 여성당원 30% 이상을 할당한다.

시기	여성계 법·제도 운동	법·제도 개선	민주노동당제도 도입
2002년	-각 당 정치개혁특위원장과 토론회 개최 및 원칙합의 도출 -비례직 50%, 지역선출직30% 할당등 정치관계법안 국회정개특위에 제출 및 위원장 면담	① 정당법개정: 2002.3.7 신설 -비례대표 후보자 중 100분의 50이상을 여성으로 추천하되, 시도비례후보자 명부순위에 따라 2인마다 여성 1인 포함 -여성추천보조금 신설 ② 공직선거 및 선거부정방지법 개정	① 광역비례대표 홀수번 방침 결정 : 2002.3.3 -광역의원비례대표 명부의 50% 이상을 여성으로 하고 명부 순위 1,3,5 홀수번을 여성으로 한다.
2003년			① 비례 홀수 순번 당헌, 당규개정 2003.3. -국회의원(지방의원) 비례대표 50% 이상 여성할당 (당헌) -정당명부의 홀수 순번 여성 부여 (당규)
2004년	-정치관계법 개정안 범개협에 제출 -비례대표의석 감소에 대한 반대활동 및 증가운동 -여성국회보내기 추천운동	① 정치자금법 개정: 2004.3.12 -추천보조금 개정 ② 정치자금법 개정 -정책연구소 지원금 100분의 10은 여성정치발전 위해 사용.	
2005년		① 공직선거법 개정 2005.8.4 -비례대표 후보자 중 100분의 50 이상을 여성으로 추천하되, 매 홀수에 여성 추천하여야 한다. -지역구 총수의 100분의 30이상을 여성으로 추천하도록 노력하여야 한다.(신설)	① 지방선거 지역구 30% 여성할당 방침 결정 2005. 7. 2 -2006년도 지방선거에서는 지역구 20% 여성할당제는 강제적용하고 30%를 실현하는 지역당부에는 인센티브를 지원한다.

시기	여성계 법·제도 운동	법·제도 개선	민주노동당제도 도입
2006년	-정치개혁협의회에 의견서 제출 -기초의회에 남녀동반 선출제 요구 등		① 당규개정 지역구 할당 채택 2006. 2.18 -국회의원선거별, 광역의원선거별, 기초의원선거별 지역구(선출직) 출마 후보의 30% 이상을 여성후보에 할당한다. 할당방식은 해당선거시기 방침으로 결정한다.
2010년	-지방선거에서의 남녀동수 제도화 작업 -토론회및 정개특위위원장면담 -제안서 작성 및 성명서 전달	① 공직선거법: 2010.3.12 신설 -지방의원 선거 중 어느 하나의 선거에 국회의원 지역구(일부제외)마다 1명이상을 여성으로 추천하여야 한다. -지역구 여성할당 위반 등록 시 모두 무효. 그 지역구(기초·광역의원) 정수 합한 수의 100분의 50에 해당하는 수 미달 경우, 그 여성후보자 등록 무효된 경우 제외한다.	

*출처: 한국여성정치할당제 제도화 과정 10년의 역사적고찰(조현옥·김은희, 2010: 126) 할당제 제도화 여성단체 연대활동과정 표 재구성

에 직접, 간접의 영향을 끼쳤다. 국내에서 여성할당제는 민주노동당을 제외하고는 국가에 의해 법·제도가 마련된 다음에 정당이 따라가는 상황이었다.

〈표 14〉와 같이 2006년 5월 31일 지방선거 각 정당 출마 여성후보 비율을 살펴보면 비례후보 및 지역구 후보 여성할당제를 실시하고 있는 민주노동당이 다른 정당에 비하여 여성 출마 비율이 확연히 앞서고 있다. 이는 여성할당제 제도가 권고를 넘어 강제적으로 적용

되고 있기 때문이다.

〈표 14〉 2006년 지방선거 각 정당 출마 여성후보 비율

구분	민주당	열린우리당	한나라당	민주노동당
여성후보비율	10.40%	14.74%	14.92%	34.91%
지역구 여성비율	3.15%	4.01%	4.74%	23.20%

*출처: 민주노동당, 여성정책포럼 준비모임 2차 포럼 결과보고서『여성할당제, 할 말 있다』

민주노동당에서 여성할당제를 당내 제도로 확정하는 과정에 대하여 다른 정당 여성들도 많은 관심을 가지고 추이를 살폈다. 민주노동당이 당헌과 당규로 명시하면, 이를 자신의 정당 내부에 압박하는 근거로 활용하였다. 이선희의 말은 이러한 상황을 증언하고 있다.

> "홀수 번 결정할 때도 민주당에서도 연락 옴. 민주노동당 확실한 입장이냐 묻기도 민주노동당이 하면 다른 곳에도 영향…" 〈사례6, 이선희〉

민주노동당이 2007년 6월 16일 중앙위원회에서 2008년 총선에 국회의원 지역구 30% 이상 여성할당제 방침으로 결정하자, 곧 바로 여성정치세력민주연대와 한국여성단체연합에서 일제히 환영 성명을 발표하고 다른 정당과 법제도를 통하여 지역구 여성할당제를 도입할 것을 촉구했다.

여성정치세력민주연대는 환영 성명서[35]를 통하여 총선 선출직 여

35) 여성정치세력민주연대, 2007.6.20, '성명서 민주노동당 선출직 여성할당을 환영한다! 〈총선 지역구 후보 여성 30% 할당 확정〉

성할당을 강제 규정화 한 점에서 매우 의미 있는 결정이라고 평가하고, 민주노동당의 결정을 계기로 여타 정당에도 이 같은 논의가 확산되기를 촉구했다. 아울러 공직선거법 개정을 통하여 선출직 30% 여성할당을 강제하는 방안이 마련되어야 할 것을 요구했다.

"… 정당 내에서 처음으로 총선 선출직 여성할당을 강제규정화 하였다는 점에서 매우 의미 있는 결정이라 할 것이다. 또한, 앞으로 총선 지역구 후보 선출과정에서 각 광역당이 보다 적극적인 자세로 여성후보 선출에 노력하여 "중앙당이 책임지고 여성후보를 발굴·지원하여 최종적으로 여성후보 30%를 만들어내는" 일이 필요 없어지기를 기대한다.

현재 국회에는 선출직 30% 여성할당 강제를 내용으로 하는 공직선거법 개정안 등 여러 정치관계법 개정안이 계류 중에 있지만, 국회는 그 의무를 방기한 상태로 각 당이 오로지 대선에만 골몰하고 있다. 민주노동당의 금번 결정을 계기로 여타 정당에도 이 같은 논의가 확산되기를 바라며, 나아가 공직선거법 개정을 통하여 선출직 30% 여성할당을 강제하는 방안이 마련되어야 할 것이다"

한국여성단체연합은 다음의 환영 논평[36]을 통하여 정치권과 정당에서 선출직 30% 여성할당을 강제하는 공직선거법 개정을 서둘러야 할 것을 촉구했다.

"… 여성연합은 '민주노동당 선출직 여성할당 30% 실현방안 중앙위

36) 한국여성단체연합, 2007.6.21.'민주노동당 선출직 여성할당 30% 실현방안 통과' 환영 논평

원회 통과'를 환영 한다. … 참여정부는 공약으로 여성의 대표성 제고를 위해 지역구 30%, 비례대표 50% 할당제를 의무화 하겠다고 밝힌바 있다. 또 현재 국회에는 선출직 30% 여성할당 강제를 내용으로 하는 공직선거법 개정안이 계류 중에 있다. 그러나 정치권과 각 정당은 당리당략에 몰두한 채 국민의 대표로서 수행해야 할 본연의 임무와 책임을 방기하고 있다. 지금이라도 각 정당은 선출직 30% 여성할당을 강제하는 공직선거법 개정을 서둘러야 한다. 또 여성의 정치진출을 확대하기 위한 현실적인 방안을 마련하고, 여성 후보에 대한 지원·발굴·교육에 책임있는 역할을 다 해야 할 것이다"

여성할당제는 누구에 의해 규정되고 시행되느냐에 따라 헌법 또는 법률에 의한 할당제와 정당에 의한 할당제로 나눌 수 있고, 강제성의 정도에 따라 강제적 할당제와 자발적 할당제로 구분할 수 있다. 헌법 또는 법률에 의한 할당제는 강제적 적용 여부에 따라 다시 나눌 수 있으며, 정당에 의한 할당제는 자발적 할당제로 분류된다. 북구 및 유럽 국가의 경우 정당의 자발적 후보 할당제를, 그 이외의 지역 개발도상국이나 신생 민주주의 국가 등에서는 주로 법적 할당제를 시행하고 있다(조현옥, 김은희 2010: 116). 한국에서는 법률에 의한 할당제가 추진됐다. 다만 앞서 거론한 것과 같이 민주노동당은 여성할당제 관련 법·제도가 마련되기 전에 정당에 의한 자발적 할당제로서 강한 강제력을 가진 할당제를 시행했다.

당직의 경우에는 여성할당을 채우지 못할 때는 공석으로 두고, 공직 후보의 경우에는 여성할당 후보를 선출하지 못한 해당 선거구 모든 후보는 공천을 받을 수 없었다. 이러한 강제적인 시행은 여성들을 적극 발굴하고 참여시키는 효과가 있었다. 다만, 이러한 강제적 시행이 자발적인 일상적인 노력으로 변화하지 않으면 계속적으로 선거 시기에만 여성을 할당으로 동원하는 문제로 나타났다.

사회적 소수자 정책의 선진 사례로 역할

민주노동당 여성할당제는 장애인, 청년 등 사회적 약자에 대한 인식을 변화시키고 소수자 할당제를 이끌어 냈다. 여성할당제 실시 이후에 2005년 2월 27일 정기대의원대회에서는 장애인 할당 10%를 도입하였다. 모든 의결기구와 공직선거 비례대표 10% 이상 장애인 할당을 실시하기로 했다. 2008년 18대 국회의원 선거에서는 비례 1번으로 여성이면서 장애인으로 곽정숙 전 한국여성장애인연합 대표를 공천하여 당선시켰다.

마찬가지로 성평등 의무교육 도입 이후에 장애 인지를 위한 의무교육이 제도화 되어 모든 당직, 공직 출마자의 의무적 이행사항으로 당규로 제정됐다.

통합진보당은 2012년 총선에서 청년 비례후보를 할당했고, 통합진보당에서 분당한 정의당은 2013년 당 부대표에 청년할당제를 도입했다. 여성할당제는 장애인, 청년 등 사회적 소수자의 정치참여를 이끌어 내는 전형을 창출했다. 여성할당제는 사회적, 정치적 소수자를 대표하는 여성들의 참여를 이끌어냈듯이, 장애인 및 청년 등 사회적, 정치적 소수자의 정치적 참여를 선도하는 역할을 했다. 민주노동당 여성들이 여성할당제와 성평등 교육을 제도화 했던 방법대로 이후 진행되는 사회적, 정치적 소수자 진영의 제도화 방안도 유사한 경로와 내용으로 진행됐다. 여성주의의 사회적 소수성은 소수자의 지위를 소수자 정체성으로 대표하는 것이 아니라 소수자의 입장에서 소수자의 지위가 앞으로 잠재적으로 어떻게 변화 가능할 것인지에 대한 전망을 공유하는 사람이어야 한다(권김현영, 2012: 48). 민주노동당에서 여성할당제는 여성을 넘어 사회적, 정치적 소수자 연대의 매개적 역할이 됐다.

그러나 이 과정에서 경계할 지점은 Verloo가 지적한대로 "여러 종류의 차별을 다루는 데 있어서 '모든 것을 한 사이즈에 맞추는' 다양성 주류화는 불평등과 연관된 사회적 범주들을 지나치게 쉽게 동질적인 것으로, 유사성에 초점을 맞추는 것은 불평등의 차별화된 특성과 역학을 무시하며 평등 목표에 대한 정치적인 차원을 간과하는"(Verloo, 2006:211; 허라금, 2010: 117 재인용) 점이다. 불평등이 발생하는 다양한 맥락의 차이들을 보지 못하고 '다양성'이란 이름 아래 불필요한 정치적 경쟁을 하게(허라금, 2010: 117)될 우려에 검토해야 한다.

민주노동당 등 진보정당 할당제 운영 과정에서 장애 여성과 비장애 여성 사이, 장애 남성과 비장애 남성 사이, 여성·장애·청년 할당 관계 등에서 미묘한 긴장과 이해관계가 내재되어 있다. 아직 표면화되지 않았지만, 잠복되어 있는 문제이다.

젠더 질서의 작동

여성정치인의 등장은 때로는 당의 위기 상황에서 국면을 전환하고 이미지를 개선하기 위한 방편으로 활용되기도 한다. 여성할당제 역시 여성유권자를 겨냥하거나 해당 정당의 진보 지수를 높이는 역할을 했다.

국제적인 추세에서도 민주주의의 성숙도가 높은 국가 또는 지역일수록 정당들이 할당제를 자발적으로 실시하고, 법에 의한 할당은 후발국가에서 비교적 최근에 도입되는데, 새롭게 출발하는 민주정부는 여성할당제를 평등하고 민주적인 근대적 이미지를 창출하는데 주요한 도구로 활용하여 도입에 적극적이게 된다는 것이다(조현옥·김은희, 2010: 116).

민주노동당이 여성할당제를 도입하는 과정에서 여성할당제가 가지는 진보성과 민주노동당 스스로 진보정당이라는 성격이 다른 정당에 비해 쉽게 당내 제도로 도입될 수 있었음을 앞서 확인한 바 있다. 특히, 오랜 기간 진보정당의 역사가 단절된 상황에서 당시 민주당과 한나라당의 양당체제를 뚫고 시작하는 민주노동당의 진보는 무엇인가를 쉽게 보여줄 수 있는 표현 중에 하나가 여성할당제였다.

> "솔직하게 당이 진보정당을 표현했는데, 그 진보가 어떤 것이냐 했을 때. 어떤 사람을 북한을 연상하거나 노동자 정당을 연상하게 되는데. 피부로 표현할 수 있는 것이 필요했다. 약자를 위한 당. 노동, 농민, 여성…

여성을 표현할 때 여성할당제가 가장 잘 보여주고 차별화하는데. 다만 이를 도구로가 아니라 스스로 진보주의자로서 실천하고 내보내야." 〈사례12, 노회찬〉

신생 민주노동당이 여성을 위한 정치, 이를 위한 여성할당제 도입은 진보정당으로서 이미지와 인식을 위해서 아주 분명한 모습으로 표현될 수 있었다. 2002년 대통령후보로 출마한 권영길은 여성정책 TV 토론회에 나와 다른 정당과 차이를 분명하게 드러낼 수 있는 것으로 여성할당제 시행을 손꼽았다.

"드디어 한나라당, 민주당 등 보수정당과 다른지 알릴 기회가 왔다.(웃음) 6.13지방선거 때 모든 광역 비례대표 당선자를 여성으로 한다는 당규를 정한 바 있다. 지금 9개 광역도에서 우리 여성의원들이 분위기를 바꾸고 있다. 우리 모든 당직자 30%가 여성이다. 지금 실천하고 있는 것이다. 우리는 당 법으로 여성 참여를 실현하고 있다."[37]

이처럼 여성할당제는 민주노동당의 진보적 역할과 여성친화적인 정당의 이미지를 표현하는데 적절한 사례가 됐다. 민주노동당은 2008년 첫 번째 진보정당 분당 상황에서 적극으로 여성할당제 추진했는데, 위기상황에 있는 당을 구하기 위한 또 하나의 목적이 반영됐다.

---

37) 여성신문 703호, 2002.11.22. 대선후보 여성정책 TV토론(2), 권영길 "선진적 공약 반드시 지키겠다"

2008년 2월 분당 당시에 혁신비상대책위원회에서 집행위원장을 맡았던 정성희는 4.13 총선 상황에 대하여 당시의 어려움과 여성후보의 필요성을 다음과 같이 회고했다.

"그동안 지역구 여성할당제에 대해서 너무 작위적이라는 생각을 했었다. 2008년 2월에 당이 분당된 상황에서 당을 살리려면 정당의 지지율을 높여야 했다. 또한 당시 덧씌워진 당의 종북 이미지를 쇄신하기 위해서도 여성들의 역할이 필요했었다. 여성들이 많이 출마해서 당 지지율도 높이고… 마침 여성 추천보조금이 지원되기 때문에 더욱 여성들의 결단이 필요했다."〈사례17, 정성희〉

이러한 상황은 당시 어느 당원의 블로그 글[38]에서 문제의식의 한 단면을 볼 수 있다.

"여성후보 많이 내야 한다. 나라가 어려울 때 유관순, 잔다르크 처럼 여성들이 일어서지 않았느냐, 전체 후보자의 30%를 여성으로 내면 정부에서 돈을 준다. 돈이 된다. … 그대로 옮겨 적은 것은 아니지만 대략 이와 같은 발언이었다. 민주노동당 여성당원의 한사람으로써 정말 쪽팔렸다"

2006년 민주노동당 당규를 통해 지역구 여성할당제가 통과된 상황에서 2007년부터 여성들의 국회의원 지역구 출마는 준비됐다. 민

38) 2008. 3. 5. 별밤 블로그 글에서 옮겼다.

주노동당은 2008년 초 예기치 않았던 분당으로 어려움에 처해 있었고, 위기 돌파 방법의 하나로 제출된 것이 여성을 대거 총선에 출마시키는 것이었다. 이와 같은 민주노동당의 비상 대책은 실제 성사됐다. 2008년 민주노동당 전체 후보 103명 중에서 여성은 46명이 지역구 후보로 출마했다. 이는 당시 민주당이 15명(6.1%), 한나라당이 18명(7.4%)의 여성을 출마시켰던 상황과 비교해 보면 확연한 차이를 보였다. 민주노동당 여성위원회는 기자회견문을 통해 "여의도가 공천파동으로 뜨겁지만 여성 공천율은 비참할 정도"라며 그것은 "여성계를 의식한 악세사리임이 확인된 것"이라고 꼬집었다.[39]

민주노동당은 총선 결과 정당명부 득표율 5.75%를 확보하여 비례대표 후보로 출마한 곽정숙, 홍희덕, 이정희를 당선시켰다. 민주노동당은 지역구에서 재선한 경남 창원의 권영길, 경남 사천의 강기갑과 함께 5명의 의원을 확보하여 제3당의 지위를 확보하고 위기 극복의 단초를 마련했다.

> "당의 조건에서 당선 가능성은 권영길, 강기갑 정도였고, 분당되고 종북 이미지 상황에서 2008년 2월 당 지지율이 2~3%로 떨어지는 상황에서 총선 결과 5.75% 지지율을 확보했죠. 유권자에게 다가갈 때 여성후보들은 분당 이미지를 약화시키는 결과를 만들었고… " 〈사례17, 정성희〉

민주노동당은 타 정당과 달리 유일하게 국회의원 전국선거구의 15%를 넘겨 여성추천보조금을 17억 7천만 원을 받았고, 출마한 모

39) 민중의소리, 2008. 3. 26. 민주노동당, '여성추천 보조금' 17억원 받게 돼

든 여성후보에게 3천만 원의 지원금을 지원할 수 있었다.

"민주노동당이 18.8%인 46명의 여성을 추천해 가장 많은 17억 7,000만 원을 수령했고 15명(6.1%), 18명(7.4)%의 여성을 보낸 민주당과 한나라당이 각각 5억 9,000여만 원, 4억 7,000여 만 원을 지급받았다."[40)]

정성희는 "총선 이후 당에서 평가는 여성들이 당을 구했다는 평가였다. 또한 여성정치인이 확대되는 계기가 되었다"고 말했다. 위기 상황에서 여성들의 지역구 대거 도전은 민주노동당의 이미지 변화는 물론, 정당 지지율을 높이는 결정적인 역할을 했다. 당의 평가대로 여성들의 출마는 위기에 빠진 민주노동당을 구하는 결과를 만들어 냈다.

그러나 위와 같이 여성정치인이 등장하는 배경에는 당의 어려움을 여성이라는 이미지로 해결하기 위해서 대처방안으로 추진되기도 했다. 젠더역할이 반영되는 젠더정치가 작동되고 있다. 대부분 남성 중심의 당 조직문화는 평탄한 일상시기에는 여성들에게 양보하지 않고 남성 기득권을 행사하거나 경합하지만, 어려운 시기에서는 종종 여성들을 전략적으로 등장시켜 위기를 모면했다. 그래서 조앤 W. 스콧은 선출 공직에 여성들이 평등하게 접근할 수 있어야 한다는 요구는 대의제의 개념과 실행이 위기에 놓였다고 인식되었던 순간에 출현했다고(조앤 W. 스콧, 2009: 34) 일갈했다.

이영순은 2000년에 울산 동구청장 보궐선거에 출마하여 당선됐

---

40) 강원일보, 2008. 4. 9, "'여성'을 키워드로 본 18대 총선 2% 부족 '아쉬움'"

다. 보궐선거는 동구청장에 당선되었던 남편 K가 국가보안법 위반 혐의로 구속되면서 실시됐다. 이영순은 2002년 구청장 임기만료 됐지만, 다시 구청장 선거에 출마하지 않았다. 이영순은 당시 지지율도 높은 편이었지만, 석방되어 정치로 복귀한 K가 울산시장 선거에 도전하게 됨으로써 출마하지 않게 됐다.

"내 아픈 기억이네. 내가 출마자체가, 남편이 하다가 물려준 것이라서 남편을 떠나서 생각할 수 없었던 것이고. 남편이 돌아와서 출마하겠다고 하니까. 처음부터 내자리가 아니라 대신하는 자리여서… 지역에서 요구하는 것은 내가 아니었으니까. …중략… 나약하다고 지적받을 수 있지만. 원죄가 아닌 기회로 생각하고 발전시켜야 한다고 할 수 있지만, 그 당시 심정은 남편이 국가보안법으로 그만두게 되었기 때문에 나의 주장만 하기 양심에 어려움 있었다"〈사례7, 이영순〉

이영순은 구청장으로서, 정치인으로서 역량 발휘와 상관없이 한 사람의 부인으로서 위치 지어졌으며 위기 상황을 대신하는 역할 수행 이후에는 다시 본래의 자리로 복귀하게 됐다. 이러한 결정은 스스로의 결정보다는 집단 우선의 결정이 작용했다.

"일단 집단이 우선해야 한다는 생각이 기본이라고. 운동하는 사람이 집단에서 운동했고 집단이 우선하다고 사고해온 사람들이니까. 거기에서 여성이 우선하다고 생각하지 못하죠. 우리지역뿐 아니라, 우리사회 전반의 문제"〈사례7, 이영순〉

민주노동당의 주요 간부와 활동가들은 오랫동안 부부가 함께 진보적인 운동가로 성장하면서 당원이 된 경우가 많았다. 이러한 조건에서 부부가 동시에 당직자 또는 공직자의 지위를 확보하려는 경우에는 내부의 긴장과 사회적 편견이 집중됐다.

여성들은 2008년 분당이라는 위기 상황에서 맞은 18대 총선처럼 조건이 어려운 상황에서는 위기 극복용으로, 이미지 변화용으로 동원되었지만 일상의 시기로 돌아오면 현실 정치 영역에서 아직까지 상대적으로 우위에 있는 남성에게 다시 자리를 내줘야 하거나 치열한 경합을 치러야 하는 이중적인 처지에 놓여 있다.

노회찬이 2013년에 삼성X파일 공개 문제로 의원직을 박탈됐을 때 배우자인 J가 보궐선거에 출마했었다. J가 노회찬보다 더 오랫동안 여성 운동가로 역할 하였음에도 불구하고 대리 출마라는 비판으로부터 자유롭지 않았다.

이러한 문제는 남성 정치인의 위기 상황에서 여성, 특히 배우자를 등장시켜 이미지 변화와 동정 여론을 얻고자 했던 대체용 출마에 대한 부정적인 경험이 작용했기 때문이다. 반면에 여성정치인의 위기 상황을 대신하여 가족 내에서 남성이 출마하는 경우는 거의 존재하지 않았다. 여성은 정치에서도 동원의 대상으로 타자화 되었다.

그러나 여성을 위기 모면의 대체용으로 동원하는 문제와 어떤 성별이든 가족과 분리된 정치의 주체로서 자격을 검증 받는 문제는 구별되어야 한다. 가족을 단위로 정치참여의 자격이 부여될 때 남성과 여성 중에서 누군가는 정치에서 배제되어야 한다. 결국에는 여성이 배제되는 상황이 더 많았다. 이는 결과적으로 남성 가부장 중심의 젠더 위계가 작동되는 것으로 여성 정치참여의 걸림돌로 나타나고 있다.

정파와 조직 우선 논리 안의 여성정치

민주노동당은 매달 당원들이 정기적으로 당비를 납부하고, 당비를 제대로 납부한 당원에게 선거권과 피선거권을 부여했다. 2008년 1차 분당 전까지는 모든 선출직은 당원 직선에 의해 선출되었다. 당원 직선으로 선출되기 위해서는 규모가 큰 대중조직이나 큰 정파의 지원이 없이는 당선되기 어려운 실정이었다.

비례대표 후보 선출에도 직선제에 의한 단순 다수결에 의해 결정되는 구조에서 당내 정파의 힘이 개입됐다. 2002년부터 실시된 1인 2표에 의한 정당명부제 도입으로 민주노동당은 노동자 결집 지역을 제외하고는 지역구 선출직보다는 비례대표 후보의 당선 가능성이 높았다. 특히, 2002년 광역비례대표 선거에서 9명이 당선되면서 이후 선거에서는 비례대표 후보를 둘러싼 격렬한 경쟁이 있었고, 이 과정에서 당내 정파 조직 사이에 패권주의 논쟁이 야기되었다. 당직 선거에 있어서도 정파들의 개입이 뚜렷하게 나타났다. 당직선거 또는 공직선거에 진출하기 위해서는 정파와 긴밀하게 연관되어 있었다.

여성할당제를 초기에 제도화 했던 여성위원회 구성원들이 비례후보로 출마하지 않고 지역구 후보로 대부분 진출했던 배경에는 이러한 정파 개입 속에서 소수자의 위치가 반영된 것이었다.

"정파구조에서 내부 순위로 할 때 5, 6번 받았을까? 결국 안되죠. 나는 민주노총파, 국민파, 진정추도, 피디도 아닌 독특한 실행위원.. 정파

구도에서 어차피 안되고. 광역비례에 B씨도 안되는 상황이었죠. 여성주의자를 넣으려고 해도 내가 당사자인데 면구해. 여성위원회가 단절된 것도 있고" 〈사례 6, 이선희〉

2004년 비례대표 후보 중에서 당선 유력 순번을 받은 후보군은 대부분 대중조직 또는 큰 정파의 지지를 얻고 등장하였다. 최순영은 비례대표 후보 순번 결정 경선 과정에서 이미 정파 질서가 형성되어 있음을 제기했다.

"우리 정당은 축제로 가자. 어느 정당이 당원들이 비례후보를 뽑냐. 이것이 신선했어. 그때 비례는 돈 보따리였지. 당의 돈줄이었는데, 우리는 그렇게 하지 않고 당원들이 선출한다는 것이 대단해. 우리 스스로 뽑는 게 얼마나 멋진 게 아니냐 얘기했어. 그런데, 크게 당원들은 의미 있게 못 알아듣는 것 같아. 정파들이 꽉 차 있기 때문에 경청하지 않는 거야. 자기가 지지하는 사람 얘기만 듣는 것 같아. 그래서 당이 이렇게 된 거야." 〈사례8, 최순영〉

여성위원회는 여성할당제라는 제도는 만들어 냈지만 어떤 여성을 여성의 대표로 만들어야 하는지 연구하지 못했고, 출마하는 여성들에 대해 검증할 엄두를 내지 못했다. 선거에서 수적인 우위를 제외하고 질적인 판단의 근거와 과정을 만들어 내는데 역량의 부족과 영향력의 한계를 가지고 있었다. 또한 여성위원회 구성 자체가 다양한 정파와 부문으로 구성되어 있는 조건에서 여성의 입장을 하나로 결정하기 어려웠다.

"민주노동당이 끝까지 견지한 게 진성당원제이고, 당원들의 권리가 공직후보를 뽑는 것인데. 당원투표가 아닌 객관성을 유지할 것이 있냐. 정파이외 검증의 무엇을 만들어내지 못한 것이 문제였다. 순위에서 차이, 어떤 여성이 더 잘할 수 있을지… 여성위원회에서 함께 검증할 수 있는 것이 없었어. 여성자체면 됐지. 검증하지 못했어. 그 외 검증하고 견제할 제도를 가지지 못했고… C의원이 정파에 갇힌 여성이었다고 얘기했는데, 우리 모두 그건 상황이었지. 그렇지 않으면 진출할 수 없는 상황이었고 이게 여성의 숙제죠" 〈사례4, 심재옥〉

민주노동당에 참여 주체들은 대부분 노동운동, 농민운동, 진보운동에 참여한 경험을 가지고 있어, 다양한 정파적 견해를 가지고 있었다. 또한 지속적으로 대중조직 내 활동과 정치활동이 구별되지 않아 대중조직 내 문제가 그대로 당으로 이전되는 문제가 있었다. 여성들의 정치 참여에서도 마찬가지 양상으로 나타났다.

공직선거와 관련한 정당공천이 정당의 내부 사항인지 아니면 공직선거 과정의 일부이냐는 문제는 정당공천의 자율성과 민주화 문제의 경계선이자 접점이다. 독일의 경우에도 당 간부 등의 영향력이 지대한 상황에서 대부분의 후보자들은 당원을 상대로 견해를 펼치기 보다는 소수 당 간부들의 지지를 얻으려는 게 현실이었다(박상철, 2008 : 263-265). 이러한 현실은 민주노동당 내에서도 나타났으며, 이를 해결하기 위한 대안은 마련하지 못했다.

2008년 2월 첫 번째 분당 이후 구성된 민주노동당 혁신비상대책위원회는 비례대표 후보 선출과정에 지도부의 전략공천을 처음 도입하여 내부 경쟁 격화를 조정했다. 2012년 통합진보당으로 합당되어 치룬 국회의원 비례대표 후보 선출은 부문 대표 구간을 조정했지만, 당원 직선에 의한 다수결 순위 배정이 채택되면서 다시 경쟁이 격화됐다. 결국 이는 2차 진보정당 분당 사태의 주요 계기가 됐다. 결국 정파 우선 정당 문화 속에서 여성정치의 독자적인 영역을 정립하는 데 많은 한계가 있었다.

연대·연합 정치 속에서 다시 제자리

19대 총선을 앞둔 2011년 12월에 민주노동당과 통합연대, 국민참여당은 통합진보당으로 합당하고 2012년 총선에서 민주당과 야권연대를 위한 후보단일화를 추진했다. 야권연대 협상장 밖에서 여성할당에 대한 제기가 일부 있었지만, 이전과 달리 여성들 사이의 강력한 연대 형성에 대한 준비가 미흡했다. 야권 연대 협상 테이블에는 각 당의 주도 세력과 남성 중심으로 구성됐으며, 시간을 다투는 협상과정은 투명하지 않은 상황에서 여성들의 개입이 어려웠다. 또한 각 당을 초월한 여성 연대보다는 각 정파 또는 계파적 이해관계가 우선했다. 여성단체들은 당 밖에서 투명하지 않은 협상과정에 대한 정보가 부족한 조건에서 개입과 노력은 한계가 많았다.

결국 통합진보당 공천으로 19대 국회의원 선거에 출마하여 당선된 여성들은 김미희, 심상정이었다. 김미희는 성추행 경력 논란으로 후보직을 사퇴한 Y 대신에 야권연대 전략선거구였던 성남중원에 긴급 투입되어 당선됐고, 심상정은 민주당과 경선을 치러 승리한 고양덕양구(갑)에서 출마하여 당선됐다. 관악(을)에 출마한 이정희는 야권 경선에서 승리했으나 경선과정의 논란으로 후보직을 사퇴했다. 그 외 대부분의 여성들은 야권연대로 인하여 예비후보자 자격 상태에서 사퇴했다.

이후 진보정당을 비롯한 야권의 다당제가 불가피한 상황에서 연대· 연합정치 문제에 대한 대안이 연구되어야 하고 그 과정에서 여성참여 방안이 마련되어야 한다.

"사실이고. 지적자체는 옳은데. 어떻게 해야 하나. 각 당에서 노력하는 것으로 다하는 것이 아니라. 각 당 여성부문에서 요구해야 한다고 본다. 여성들의 요구, 필요가 있다면 양쪽 여성들이 공동으로 제안하고… 여러 방법. 그 방법이 양쪽을 압박할 수 있다고 필요하다." 〈사례13, 노회찬〉

여성들은 새로운 정치적인 지형이 변화할 때, 다시 여성의 정치적 권리를 확대하기 위한 대응을 스스로 조직해야 하는 상황이다. 양당체제의 한국정치 지형에서 진보정당이 당선되기 위해서 연대·연합정치의 문제가 당분간 중요한 선거 전술이 되고 있는 상황에서 정당 사이의 연대와 연합의 정치 작동이 어떻게 여성에게 영향을 미칠지 고민되어야 한다.

여성 정치참여 확대와 여성 대표성 강화를 제도적인 방법만으로 해결하면, 정치 환경이 변화할 때마다 계속적으로 여성 대표성 강화의 새로운 필요성과 요구를 설득해야 하는 한계가 있다. 성평등 정치로 나갈 전략과 청사진 속에서 여성의 정치참여와 여성 대표성을 확대하는 방안이 논의되어야 한다.

"한국의 진보.. 진보정치세력이 스스로를 극복하고 더 많은 지평을 가지기 위해서는 단순히 소외된 여성을 배려하는 것을 떠나 자기 생존을 위해서 적극 수용해야 하다. 독일 사민당이 녹색, 여성을 수용하지 못하니까. 중산층의 요구라 해서 수용하지 않아. 밖에서 녹색당이 만들어졌다. 나중에 사민당도 수용했지만, 그 때는 늦었다. 스웨덴 FI, 노르웨이 사회혁명당도 페미니스트 당이다. 어찌 보면 현존하는 진보정당들이 과거 녹색처럼, 여성부문을 자신의 활로로 찾아야 한다. 활용이 아니라 자신들의 기본가치로 재설정해야한다. 이 부문은 진보정치도 현실정치도 무궁무진 미개척지를 가지고 있다. 어느 사회에서나 안고 있는 여성문제. 여성으로서 이중적으로 제2국민처럼 차별받는, 여러 문제를 안고 있다. 그 만큼 해결 과제도 많기 때문에 사회개혁을 추구하는 정치세력에게는 의미 있는 일이다." 〈사례13, 노회찬〉

다양한 여성의 대표성

87년 체제 이후 진보정당의 첫 국회 진출이었던 제17대에서부터 제19대까지 당선된 여성 국회의원을 중심으로 진보정당의 여성 정치 참여 주체의 경로와 대표성을 살펴보겠다. 다음 〈표 15〉는 여성 국회의원 진출 현황을 보여주는 것으로서 제17대 국회의원과 제18대 국회의원은 민주노동당 공천으로 진출했고, 제19대 국회의원은 통합진보당 공천을 통하여 진출했다.

〈표 15〉 진보정당 여성 국회의원 당선자(17대~19대)

<table>
<tr><th colspan="3">제17대 국회의원 당선자
(민주노동당)</th><th colspan="3">제18대 국회의원 당선자
(민주노동당)</th><th colspan="4">제19대 국회의원 당선자
(통합진보당)</th></tr>
<tr><th>이름</th><th>출신</th><th>구분</th><th>이름</th><th>출신</th><th>구분</th><th>이름</th><th>출신</th><th>구분</th><th>기타</th></tr>
<tr><td>심상정</td><td>노동운동</td><td>비례</td><td>곽정숙</td><td>장애인
운동</td><td>비례</td><td>김미희</td><td>약사,
지역운동</td><td>지역</td><td></td></tr>
<tr><td>이영순</td><td>지역운동</td><td>비례</td><td>이정희</td><td>변호사</td><td>비례</td><td>심상정</td><td>노동운동,
17대의원</td><td>지역</td><td>현)정의당</td></tr>
<tr><td>최순영</td><td>노동운동</td><td>비례</td><td></td><td></td><td></td><td>김제남</td><td>환경운동</td><td>비례</td><td>현)정의당</td></tr>
<tr><td rowspan="2">현애자</td><td rowspan="2">농민운동</td><td rowspan="2">비례</td><td rowspan="2"></td><td rowspan="2"></td><td rowspan="2"></td><td>김재연</td><td>학생운동</td><td>비례</td><td></td></tr>
<tr><td>윤금순</td><td>농민운동</td><td>비례</td><td>사퇴</td></tr>
</table>

위와 같이 국회의원 당선자를 기준으로 볼 때, 진보정당 정치인은 노동운동, 농민운동, 장애인운동, 환경운동, 지역운동, 학생운동 등 운동권 출신이 대부분이었으며, 진보운동에 결합한 일부 전문직 출신이 등장하고 있다. 당선자는 아니지만 지방선거와 총선에 출마한 대부분의 여성후보들도 유사한 경로를 통해 후보로 등장했다.

2000년 민주노동당 창당 이후 진보정당 역사가 10여년이 넘으면서 진보정당 활동 경력의 정당인이 형성되고 있다. 그러나 현재까지는 진보정당 후보들의 정당인으로서 활동은 진보운동 활동과 뚜렷하게 구별되지 않고 있다.

민주노총, 전국농민회총연합, 전국여성농민회총연합 등 대중 조직은 2000년 창당부터 2012년까지 민주노동당(통합진보당)에 대한 배타적 지지 방침을 결정하고 노동운동과 농민운동을 대표하는 후보를 진출시켰다. 여성 농민운동을 포함한 농민운동은 대체로 단일한 입장으로 지지를 결집한 반면에 노동운동은 여러 정파의 영향으로 각기 분산적으로 후보를 진출시켰다. 2012년 통합진보당으로의 합당에 이은 분당 상황에서 민주노총과 전여농은 배타적 지지 방침을 철회했다. 이후에는 정당인 자격의 후보 진출이 더 확대될 것으로 예측된다. 이미 18대 국회의원 선거 과정에서부터 나타난 전문직 출신의 후보도 확대될 것이다.

여성의 대표성과 여성정치 재현이라는 관점에서 그동안 진보정치 당직자와 공직자에 대한 평가는 제대로 수행되지 못했다. 권김현영에 의하면 “대표가 된 여성들은 타자로서의 여성을 대표하는 것이 아니라 다시 성중립화된 추상적 개인으로 행동한다. 최근 선출된 북유럽국가의 여성대표들은 여성이라는 성적 차이가 마치 존재하지 않는 것처럼 행동하는 경향이 있어, 다시 페미니스트 정당이 만들어지는 이유가 되기도 한다”고 지적하고 있다(권김현영, 2012: 47).

현재까지 진보정당에서 여성할당제를 통하여 선출된 당직자와 공직자들은 여성할당제를 지지, 수호하는 역할에서는 책임 있는 역할을 담당했다. 이 제도가 본인은 물론 또 다른 여성정치인을 이끌어내는 유력한 수단이었음을 알고 확대 발전시켜 내려는 역할은 분명했다. 그러나 여성의 대표성과 여성정치 재현에 대한 요구나 정형을 찾아내지는 못했다.

출신 대중 조직과의 관계에서는 후보에서부터 당선까지 과정에서는 긴밀한 관계를 맺었지만, 이후 과정에서는 정치인 개인의 역량에게 맡겨져 있는 상태였다. 전여농은 해당 소속 의원 모임이 구성되어 정기적인 회의와 수련, 조직적인 역할 지원과 대표성에 대한 요구가 지속되는 반면에 그 외의 대중 조직들은 개입력이 약화되었다. 오히려 배출한 대중조직보다는 정파 또는 정치적 견해의 대표성이 강하게 드러났다.

여성할당제는 여성이 너무 적게 대표되고 있는 현실을 바꾸기 전까지 일정 정도의 소수자 우대가 필요하다는 주장에 근거한 정책인데, 문제는 이 경우 소수자로서 대표의 자격을 얻자마자 소수자로서의 자기의식을 상실하는 경우가 발생한다는 점이다. 차이에 기반하여 대의제를 보충하기 위해서 만들어진 비례대표조차 소수자로서 소수를 대표하기 보다는 정당의 이해관계를 대변한다. 정당의 공천을 통해서만 결정되기 때문에 자신을 공천해 준 정당의 이해관계에 따라 움직일 것을 요구 받고 있다(권김현영, 2012: 43). 더 나아가 여성들이 각 계파와 정파의 이해관계에서 자유롭지 못한 상황에서 여성정치를 대변하고 여성정치를 재현하기 위한 어려움은 한계로 드러났다.

도전 받는 여성할당제

1999년 창당부터 시기 시기마다 여성할당제를 추진하는 과정에서 등장하는 반대론의 근거는 시기상조론, 현실론이었다. 여성당원들의 비율을 뛰어넘는 30% 이상 여성할당제에 대해서 남성당원들은 역차별을 제기하였다.

"우리는 당이 만들어가는 과정이라, 만들어진 당에서 기존질서에서 나온 것이 아니기 때문에 마음만 먹으면 제도화하기 쉬운 편이었다. 당도 생소한데, 여성할당제는 너무 페미니스트적 요구가 아니냐며 더 생소했고. 많이 나온 논거가 다 좋은데 여성당원 비율은 얼마냐. 10%아니냐. 10%가 적당하지 20% 정도까지는 괜찮은데. 30%은 너무 과도한 것 아니냐. 그러면 당원 성별 당원 당 한명이 몇 명을 대표하냐 등 모든 제기 나왔어요. 공직선거는 우리의 의지와 철학을 표현하는 것으로 정치적으로 의미가 큰데, 현실은 중앙당에 상근자를 보자. 상근자 만들기도 어려운 상황. 여자를 30%하면 할 사람이 경력이나 능력에 따라 해야지 역차별 아니냐. 지역할당은 여성이 이중삼중 불리한 상황에서 여성에게 혜택을 주고 보호되어야 하는 논리도 있지만 역차별 아니냐고 제기하는 거예요" 〈사례13, 노회찬〉

당내 지역 간부들은 지역구 여성할당제를 시작한 뒤에도 끊임없이 여성할당제 집행을 둘러싸고 어려움을 호소했다. 진보정치[41] 기사에 의하면, 하연호 전북도당 위원장은 "여성후보를 발굴하지 못하면 차라리 후보를 줄여 5명만 나오는 수밖에 없는 실정"이라며 "현실이 따라 주지 않는데 여성할당만 따르라 하니 피가 마른다"고 그 자신이 처한 어려움을 토로했다. 전주형 경북도당 사무처장은 "운영위에서 논의를 해왔지만 20%나, 30%나 다 후보발굴이 어려운 상황"이라며 "여성 최고위원부터 지역에서 출마하겠다는 각오를 보여줬으면 좋겠다"고 주장했다.

1999년 민주노동당 창당부터 2008년 총선까지 당내 제도 도입과 실행과정 마다 여성당원들은 왜 할당제를 해야 하는지 설득하지 않으면 안되었다. 그러나 철학적 논거를 가진 심도 있는 토론보다는 여성의 과소 대표성이 되고 있다는 점에서 적극적 조치가 필요하다는 논거가 중심을 이루었다. 이에 대한 반대논리는 준비된 여성이 양과 질에서 부족하다는 것과 남성의 피선거권을 제약한다는 논리였다.

여성할당제가 일정 부분의 할당에 머무는 것이 아니라 분명한 성평등 정치로의 지향을 가지고 충분한 논의가 마련되지 못한 문제를 지적할 수 있다. 시기마다 할당 영역을 확대해 가는 속에서 끊임없는 반발이 표출되고 있어, 보다 근본적인 여성정치 참여의 전망이 제출되어야 한다.

"진보정치에서 젠더정치의 비전을 분명히 해야 하는 것 아닌가? 현재는 할당제를 하는데 향후에는 동수정치이든, 뭔가 성평등한 정치에 대

41) 민주노동당 기관지, 2007, "지역에선, 여성 후보 발굴 어렵다 …", 〈진보정치〉

한 이론적 논리를 재점검하는 시기가 되어야 하는 게 아닌가? 각 당에서 고민하는 사람들이 함께 토론하고 연구하는 것도 필요할 듯. 비전을 내서 경쟁도 하고 협력하는 것" 〈사례1, 김원정〉

또한 여성할당제가 시혜적인 정책이 아니라 상생, 공존, 대등 개념에서 동수 정치 넘어 성평등 정치로의 목표를 분명히 해야 했다. 그러나 민주노동당이 30% 여성할당에서 시작한 것은 당시 현실의 조건과 역량이 반영된 것이었지만, 충분한 논의와 합의를 동반하지 못했다.

"지금처럼 불쌍한 사람한테 30% 주자. 시혜적으로 주는 것이 아니라 양성이 상생, 공존, 대등으로 개념이 바뀔 수 있었겠지만, 그러나 그 당시에는 우리 상태, 준비로는 벼락같은 논의가 되고 … 이제는 공공연하게 논의할 수 있을 수 있을 것이다. 또 전쟁을 치러야 하지만 30%에서 시작했으니까 오히려 더 쉬울 것이다. 처음에 30% 도입할 때 가능하냐 했던 사람들이 이제 달라져서 할 수 있을 것이죠. 비례대표는 1/3하냐 그냥 쉽게 계산할 수 있는 50% 하자 하니까 수용되듯이 수용될 수 있다고 봐요" 〈사례13, 노회찬〉

다른 한편으로는 여성들이 동수의 정치를 제기했다면, 더 많은 고민과 깊이 있는 토론 과정이 됐겠지만, 채택되기에는 더 많은 시간이 필요했을 것으로 평가한다.

"전술문제인데 연착륙은 랜딩 하는 건데. 땅을 보고 착륙해야 하는

데, 그럴 조건 아니었다. 지금도 돌이켜보면 어쩔 수 없었다. 30% 한 것은 임계지수 때문이다. 연착륙 운운하는 상황에서 동수정치는 할 수도 없는 것. 맨 처음 하고 나니까. 1,3,5,7 할 수 있다고 제기할 수 있는 토대 되었다. 맨 처음 우리역량에서 30%는 최대치였다" 〈사례6, 이선희〉

한국사회에서 여성할당제가 끊임없이 논란되는 배경에는 여성할당제 도입과정에서 충분히 여성할당제의 의미를 성평등 관점에서 논의하고 합의하지 못한 점이다. 이에 대하여 적극적 조치인 여성할당제를 분배정의의 정책으로서가 아니라 사회적 관계를 전환하기 위해 필요한 개입 정책으로서 접근하는 것으로 논의를 구성하고(Young, 1990; 허라금, 2010b: 111 재인용), 전환적 전략으로서 재개념화(허라금,2010b)가 필요하다.

여성할당제의 도입은 우여곡절을 겪으면서도 조금씩 확대되어 왔으며, 지금도 여전히 완성 중인 제도이다(김원정, 2006). 2006년 지방선거 이후 두 차례 지방선거와 두 차례 총선에서 여성할당에 의한 여성들의 출마는 피로도가 높고, 재정적 역량과 조직적 역량의 부족함을 드러내고 있다. 누적된 출마로 인한 여성들의 기피 현상도 가중되고 있다. 더욱 진보정치의 분열과 어려운 상황에서 여성들의 진출은 많은 동기부여가 필요하다.

대한민국 국회 여성의원 구성은 16대 국회의원 가운데 여성의원은 16명으로 전체 의원 대비 5.9%에 불과했지만 여성할당 실시에 따라 17대 39명(13%), 18대 41명(13.7%), 19대 45명(15.7%)으로 점차 확대되고 있다. 그러나 여전히 세계적으로는 낮은 수준에 머물러 있다.

여성계 연대가 필요하다

민주노동당 여성할당제가 추진될 수 있는 배경은 국내외 여성계의 여성정치 대표성 재고를 위한 노력의 반영이었다. 그러나 실제 민주노동당의 여성할당제 추진 과정은 적극적으로 당 밖의 흐름과 자원이 결합되지 못한 한계를 가지고 있다. 한편으로는 여성 주체를 내부에 형성하여 여성 세력화를 추진한 성과가 있었지만, 여성운동 진영 및 전문가와 결합되지 못해 이념적, 이론적 근거를 제대로 갖춰내지 못했다.

"저 개인적 입장이예요. 생각보다 사례 적용이나 시행에 대해 연구자 관심이 많지 않았어요. … 구체적인 사례연구보다 국제정치, 거대담론을 많이 다뤄요. 정치학자를 보면 여성할당제관련해서는 제도가 만들어질 때까지. 2000년 할당제 도입, 2004년 지핑시스템 도입까지. 이후는 현장에서 . 현장연구 별로 없어요. 그래서 민주노동당 등 다른 데서도 하고 있는 것이 연구되지 않음. 스스로 자리를 마련해서 평가를 요청했을 때 만들어진 것이죠. 다른 측면은 민주노동당이라는 노동자정치세력화, 여성, 시민사회 정치세력화가 어떻게 결합되었는가? 민주당은 끊임없이 외부, 시민사회에서 수혈하면서 채워내는 과정이었는데, 진보정당은 스스로 자기 과제와 고민 속에 스스로 해결해고, 시민사회 요청되는 것은 아니었다. 진보정당 외곽단체와는 어떤 방식으로든 소통했지만, 시민사회 특히 여성단체와는 소통하지 않았다. 알지 못한 상태에서 참견하기 어려웠고 참견에 대해서도 포용적이지 않았다. 나름의 의미를 밖으로 얘기해줄 사람이 없고 관심이 없었던 것 아닌가? … 요구하지 않은 조건에서 평가할 수 있는가? "〈사례2, 김은희〉

여성계와 결합하지 못한 이유 중 하나는 민주노동당의 접근성 문제를 평가할 수 있다. 당원직선제와 진성당원제도를 채택하고 있는 민주노동당에 당내 세력이 없는 여성계를 포함한 전문가 그룹에게는 접근하기 어려운 조건이 형성되어 있었다. 더불어 여성계와 네트워크를 형성할 수 있는 역량의 부족과 일정한 진보 폐쇄성의 문제가 작용했다. 또한 민주노동당이 소수정당으로서 사회적 영향력을 제대로 보여주지 못한 상태에서 진보개혁진영은 민주당으로, 보수진영은 한나라당으로 치우침도 원인으로 진단할 수 있다.

여성할당제의 근거가 되는 임계수치(critical mass)는 보통 사전적 의미로는 "어떠한 물리현상이 갈라져서 다르게 나타나기 시작하는 경계의 수치"를 말한다. 현재 정치에서 성평등한 변화를 만들어 내기에는 부족함이 많다. 이는 여성의 수적 확대가 아직 임계수치에 도달하지 못한 것인데, 임계수치에 대해서는 15%라고 주장하는 학자도 있고 30%라고 주장하는 학자도 있다(김민정, 2014: 233). 한국 정치에서 여성의 정치참여가 15% 수준에 머물고 있어 보통 임계수치로 거론되고 있는 30%에 못 미치고 있는 상황이다. 특히, 한국은 제도와 현실의 차이가 크게 벌어져 있는 나라인데, 여성할당제도 마찬가지의 문제를 가지고 있다.

"제도가 그런 거지. 한국은 제도와 현실이 큰 나라예요. 제도가 훌륭하지만, 현실에서 작동하지 않은 최근 평가됨. 지금 있는 제도가 정당들이 자발적으로 하는 게 아니라 자발적인 것을 법제도로 강제하고 있는데, 아직도 15% 수준. 임계치라는 것이" 〈사례2, 김은희〉

민주노동당 여성할당제는 각급 의결기구에서 30%를 실현하고 있지만, 정해진 여성할당제 비율을 뛰어 넘지는 못한 상황이다.

심상정은 2007년 6월 11일 〈민주노동당의 여성주의를 말한다〉는 토론회에서 "창당초기부터 여성할당을 도입해 여성의 정치세력화의 엄청난 진전을 이룬 것은 당내 여성주의의 성과"라고 말하고 "그러나 유럽 국가들이 50%할당을 시행하고 있는 지금, 당내에서 30% 할당이 마치 여성주의의 최종 목표인 듯 인식되고 있는 것은 유감"이라며 "민주노동당의 여성할당 모범이 여성운동 내에서 일정한 성과로 인정받고 있으면서도 다수 여성을 위한 정책과 실천으로까지 나가지 못한 점은 민주노동당의 여성주의의 한계이며 여성의 정당이 되지 못한 주요 원인"이라고 밝혔다. 민주노동당 모든 선출직과 임명직의 30% 이상 여성할당제는 아직 다른 정당이 따라 올 수 없는 숫자이지만, 여성을 일상의 당 문화에서 중심 주체로 이끌지 못한 점은 분명한 한계이다.

"당 내에서 여성 의제는 여성만의 문제, 부문 사업의 하나로만 인식되고 있으며, 선거가 다가올 때 마다 여성위원회와 여성 활동가들에게 '할당을 채울 수 있는 여성당원, 여성후보 발굴'을 요구하는 것 외에 당 전체가 여성 의제를 주요 정치 의제로 삼거나 집중적으로 투자하는 경우는 거의 없다시피 하다" 〈사례1, 김원정〉

현행 정치관계법에서는 지역구 30% 여성할당제를 소극적으로 견인하고 있는데, 지역구에서 여성들이 보다 많이 진출할 수 있도록 법 강제력을 강화시켜야 한다. 그러나 보다 근본적인 것은 비례대표 의석을 확대하는 방안이다. 여성들은 아직까지 지역구 선출직에 도전하기에는 조직과 재정에서 취약한 상태이다. 비례대표제를 확대하는 방안이 현재 15% 수준의 여성정치 참여를 확대하는 방안이며, 소수정당이 의회에 진출할 수 있는 빠른 경로이다.

"지역구 여성할당 보다는 비례대표 확대를 좀 더 제도화하는 것이 좋을 것 같다.지역구 할당은 여성들에게도 부담이 많은데. 재정부담. 같은 당이라도 남성들로부터 눈총을 받고 여성이 특혜 맞는 것으로 인식되고 있어 조직 발전에 썩 도움되지 않는 것 아닌가. 비례대표를 더 제도화해야. 현재 정당 명부를 바꾸는 선거제도 변화가 여러모로 정당정치에도 도움되고, 여성정치에도 도움될 듯" 〈사례7, 이영순〉

대한민국의 여성정치 참여수준은 여전히 국제적으로 하위에 머물러 있다. 2017년 세계경제포럼(WEF)의 발표에 따른 우리나라의 성 격차 지수(GGI: Gender Gap Index)는 144개국 중 118위로 최하위에 머무르고 있다. 여성의 건강과 교육 수준은 높은 수준에 비해 경제활동 참여 분야, 경제활동 참여분야에서 하위에 있기 때문이다. 여성의 경제참여 와 여성정치 참여 보장을 위한 대표성 강화가 시급하다.

에필로그

타자화의 역사를 돌파했던 여성들

이 연구에서 제1기는 민주노동당 창당 준비기에 속하는 1999년부터 2000년 1월 창당까지 시기이다. 당시 민주노총 여성국장 김진선은 1999년 6월 제2차 창당준비위원회에서 여성할당제를 돌발적으로 제기하여 여성할당제 도입의 첫 계기를 만들어냈다. 충분한 사전 논의와 준비 없이 제기됐지만, 오랜 동안 정치의 주체로 참여하지 못하고 타자화 되었던 여성들은 이를 계기로 힘을 모았다. 그 결과 여성들은 우려와 반대를 설득하고 민주노동당으로 하여금 여성할당제를 도입하게 만들었다. 즉 2000년 1월30일 민주노동당 창당대회는 "여성의 정치 참여를 확대하고 실질적인 남녀평등을 실현하기 위하여, 모든 선출직과 임명직에 여성당원 30% 이상을 할당한다"는 내용의 당헌을 채택했던 것이다. 이 시기에 또 하나의 특징은 여성위원회를 통하여 여성 주체를 형성시켰으며, 여성강령과 여성정책의 기초를 마련했다는 점이다.

다음으로, 제2기는 2001년부터 2004년까지의 시기로, 이 연구는 민주노동당이 2002년 지방선거부터 2004년 국회의원 선거까지 비례후보 홀수 순번에 여성을 배정하여 비례후보 50% 이상 여성할당제를 도입하는 과정을 연구했다. 여성 홀수 순번을 도입하는 과정은 최초로 1인2표 정당명부식 비례대표제가 도입되는 선거 제도의 변화와 맞물려 있었다. 신생 민주노동당이 당선 가능성이 가장 높은 비례후보에 여성을 우선적으로 배치할 수 있었던 것은, 여성위원회를 통한 여성들의 조직적인 준비와 당의 진보적 가치 구현의 결과였다. 민주노동당은 2002년 비례대표제 도입 이후 당헌 개정을 통하여 국회의원 비례후보를 포함한 모든 선거에서 비례후보 여성 홀수 순번을 할당하기로 결정했다. 민주노동당은 이러한 비례후보 여성할당제 실현으로 2004년 국회의원 선거에서 당선된 10명의 국회의원 중에서 4명의 여성의원을 배출했다.

마지막으로, 제3기는 2005년부터 2012년까지 시기로서, 이 연구는 민주노동당이 2006년 지방선거를 앞두고 지역구 선출직에 여성할당 30% 이상 제도를 도입하는 시기를 살펴보았다. 이미 비례후보 여성 홀수 순번을 실현한 조건에서 더 많은 여성의 정치참여를 이끌어 내기 위한 방안은 지역구 선출직에 여성들을 진출시키는 것이었다. 남성당원들이 지역구 내 자리를 잡아 가는 과정에서 여성들이 남성과 대등한 경쟁을 통하여 지역구에 진출하기에는 많은 어려움이 있었다. 이에 여성위원회는 성평등 의무교육을 도입하여 당내 성평등 의식과 문화를 조성한 가운데 지역구 선출직 여성할당제를 추진했다. 그 결과 2006년 지방선거에서는 20% 강제 여성할당제 실시, 30% 도달 시에 인센티브를 지원하는 방식으로 지역구 여성할당제를 실현했다. 2008년 18대 총선은 분당 사태로 위기에 처해 있는 상황에서 전체 후보자 113명 중에서 44.6%에 해당하는 46명의 여성들이 후보로 출마했다. 선거 결과는 지역구에서 권영길, 강기갑을 당선시키고 정당명부 투표에서 정당지지율 5.7%를 획득하여 비례 국회의원 3명을 당선시켰다. 여성들의 대거 총선 출마는 민주노동당의 절대 절명의 위기 상황에서 당을 구해내는 견인차의 역할을 수행한 것으로 평가됐다.

이상과 같은 민주노동당 여성할당제 도입 과정은 여성들의 노력을 통한 확장의 과정이었다.

성과와 한계를 톺아보며

민주노동당 여성할당제는 공직 후보자에게만 적용된 것이 아니라 '모든 선출직과 임명직'에 도입된 점에서도 큰 의의를 가진다. 당의 지도부, 중앙위원 및 대의원 등 의결기구를 포함하여 선출되거나 임명되는 모든 당직에 여성할당제를 시행한 것은 이후 비례후보, 지역구의원 할당제를 실시할 바탕이 됐다. 그것은 일상시기에 여성 리더십을 형성하지 않은 상태에서 선거 시기 잠깐 이미지 변화를 위한 여성 공천만으로는 여성 정치참여의 내용을 바꿔 낼 수 없기 때문이다.

정치 경험이 부족했던 일부 여성들은 여성할당제를 추진했던 초기에 해프닝도 만들었지만, 시간이 축적될수록 스스로의 역량을 강화하고 자리에 맞는 리더십을 형성해 나갔다. 여성할당제를 거론할 때 마다 등장하는 "자리가 사람을 만든다"라는 말은 민주노동당 여성들의 성장과정에서 현실로 재현됐다. 또한 이를 토대로 "사람이 자리를 변화시켜 나가는 것"으로 주체적인 변화를 만들었다.

민주노동당이 국내 정치관계법에 앞서 당내에서 여성할당제를 도입할 수 있었던 것은 '진보정당'이라는 성격과 위치 때문이었다. 여성들은 논의 과정에서 반론에 부딪힐 때 마다 "진보정당 간판을 떼라"고 제기하면서 민주노동당이 진보정당이라면 진보적인 여성할당제를 해야 한다고 압박했다.

민주노동당 여성할당제는 국내 여성운동의 성과 및 국제적, 시대적 요구와 접목하여 이루어 낸 성과였다. 그러나 가장 크게 여성할당제를 추동하였던 힘은 당내 '여성'들이었다. 여성들은 함께 학습하여 이론을 터득하고, 당 여성위원회를 조직하여 여성의 임파워먼트를 실현했다.

여성할당제는 많은 여성들을 정치에 참여시켜 내는 빠른 경로로서의 역할을 분명히 했다. 민주노동당 여성할당제는 의결기구에서 여성할당을 채우지 못할 때는 공석으로 두고, 공직선거에서는 남성도 후보로 출마하지 못하도록 하는 강제력이 강한 제도였다. 이러한 강제성이 여성을 발굴해 낼 수 있는 강력한 힘으로 발휘됐다.

민주노동당에서 실시한 선출직과 임명직의 여성할당제 당헌을 비롯하여 비례후보 여성 홀수 순번, 지역구 여성할당제는 법·제도 변화와 함께 다른 정당에 직·간접적으로 영향을 끼쳤다. 또한 장애인 및 청년 등 사회적 소수자 부문에도 할당제를 도입하도록 하는 전형을 창출했다.

이러한 성과에도 불구하고 한계로는 여성할당제를 운영하는 과정에서 나타난 젠더질서의 작동을 들 수 있다. 당이 어려운 시기에는 여성을 동원하고 대외용 이미지로 활용하려는 모습이 나타났고, 안정기에는 배제 또는 경합의 대상으로 대하는 이중성이 표출됐다. 또한 당 내부의 정파 질서가 여성정치를 압도하는 문제도 드러났다.

민주노동당의 여성할당제 추진은 여성계와 충분히 결합하지 못했다. 여성계 또는 여성학계와 제대로 공유하지 못하고 제대로 평가받지 못한 점은 민주노동당이 가지고 있는 접근성과 폐쇄성의 문제, 여성계와 결합할 역량의 부족에 기인한다. 그러나 다른 한편으로 그 원인은 기존 여성계가 다수 영향력을 가진 주요 정당 중심의 사업

관행에서도 찾을 수 있다.

민주노동당은 통합진보당으로 통합됐다. 그리고 여러 과정을 통해 현재 통합진보당[42], 정의당, 민중당, 노동당, 녹색당 등으로 흩어졌다. 이러한 진보정당의 부침의 역사는 고스란히 반영되어 진보정당 내 여성들이 하나의 힘으로 결집하지 못하고 단절되도록 작용하였다. 또한 여성들은 열악한 조건에서 수차례 출마, 낙선을 반복하면서 피로도가 높게 나타나고 있다. 서구에서 일부 여성들은 "우리에게도 출마하지 않을 권리가 있다"[43]라고 했듯이, 진보정당 안에서 당선없이 계속되는 출마는 여성들에게 부담으로 작용하고 있다.

여성들의 정치참여 확대를 위해서는 여성할당제라는 제도만으로 한계점을 갖는다. 현재 국회 진출 여성 비율 17%가 우리나라가 도달한 최고 비율이다. 이것을 넘어서기 위해서는 더욱 적극적으로 여성 정치 참여 방안이 모색되어야 한다.

법·제도의 강제력을 통해 지역구 여성할당제를 확대하는 방안과 함께 비례대표 의석수를 확대하여 여성들과 소수자의 정치적 진출을 확대하는 근본적인 법·제도 개혁이 필요하다. 최근 연동형 비례대표제 논의는 시대적 요구로 등장했다.

또한 여성할당제가 자칫 여성들에게 출마의 부담으로 작용할 수 있어, 이제는 공천을 넘어 당선을 위한 전략과 구체적인 실행 방안이

---

42) 박근혜 정부는 법무부를 통하여 2013년 11월 5일 헌법재판소에 통합진보당을 헌법에 반한다며 정당활동 금지 가처분과 함께 정당해산심판을 청구했다. 헌법재판소는 2014년 12월 19일 재판관 8(인용)대 1(기각)의견으로 해산을 결정했다. 이에 따라 중앙선거관리위원회는 통합진보당 정당 등록을 말소했다. 〈세계일보. 2014. 12. 20〉

43) 민주노동당, 2007, 『이론과 실천』, 70~75호

마련되어야 한다. 더불어 여성정치 참여에서 가장 어려움으로 제기되고 있는 재정문제를 해결하는 방안이 제도적으로, 조직적으로 마련되어야 한다.

동수 정치로 가자

여성할당제 실시와 관련하여 2012년 총선 이후에는 여성학계를 중심으로 여성할당제에 대한 근본적인 문제 제기와 남녀동수법의 함의에 대한 검토가 제기되고 있다. 그러나 남녀동수제 논의가 자칫 지금의 할당제의 비율을 높이는 수량적인 문제로 접근되는 것은 경계해야 한다. 더 이상 여성은 소수가 아니다. 사회적 소수자 성으로 배려가 아니라 세상의 절반 다수의 당당한 권리로서 적극적인 동수 정치 시대를 준비할 때 이다.

또한 한국에서 여성할당제의 도입은 깊이 있는 논쟁이 뒷받침되지 않았는데, 이것은 여성할당제를 둘러싼 끊임없는 반론으로 재연되고 있다. 어쩌면 도입 과정 속에서 묻어두었던 근본적인 질문을 방기했던 할당제의 피할 수 없는 결말(김민정, 2013)로서 여성할당제를 뒷받침할 정치 철학의 문제를 이론적으로, 사회적 합의로 보완해야 한다.

민주노동당 여성할당제는 진보적인 가치로서 거역할 수 없는 흐름이 반영되어 제정되었지만, 충분한 논의나 준비가 진행되지 못했다. 이는 한편으로 너무나도 과소 대표되고 있는 여성들의 정치적 위치에서, 차분하게 논의될 수 없는 급박한 현실의 반영이었다.

여성의 과소대표성에 대한 수정 요구는 여성도 정치에 평등하게 참여할 자유주의적 권리뿐만 아니라 정치에 있어서의 남성과 기득권 중심성을 제거·해체·재구성하겠다는 선언이다. 단지 여자라는 이유만으로 동일시하는 것은 진보가 아니라 퇴행에 가깝다(권김현영, 2012:48). 여성을 수적으로 진출시키는 목표를 넘어 남성 중심적 정치질서의 균열을 내어 성평등 정치로 변화를 추동해야 한다. 민주노동당 여성할당제는 이러한 여성주의적 목표를 분명히 구현하지는 못했지만, 여성정치의 임파워먼트 과정이었으며 성평등 진보정치로 의미화 할 수 있다.

권력에 대한 여성의 시각 변화가 필요하다. 여성들은 일상 소비를 포함하여 여성들이 매일 행사하는 권력들을 자신의 힘과 권력으로 인지하여야(벨훅스, 2000: 156) 한다. 최근 등장한 여성 소비 총파업도 주목할 대목이다. 여성할당제를 통한 여성정치 참여가 주로 공직 진출이라는 일면으로 강조되면서 여성들이 일상 속에서, 생활세계에서 가진 자신의 힘에 대한 인식이 간과되었는지 성찰해 볼 대목이다.

정당은 국가 내에서 정권 획득을 목표로 사람들을 모으는 제도이고, 선거로 경쟁할 수 있는 기회가 주어질 때 선거에 참여한다(Alan Ware, 1996: 2-4; 심지연, 2004: 14-15 재인용). 민주노동당 역시 권력을 목적으로 한 정당으로서, 그동안 각종 선거에 참여했다. 그 속에서 여성들은 권력에 접근하는 방법으로 여성할당제를 강력하게 추진해서 일정한 진출을 이루었다. 많은 성과와 한계 속에서 여전히 여성권력은 무엇인가, 어떤 여성이, 어떤 여성을, 어떻게 대표할 것인가 등의 문제는 지속적인 과제로 제출되고 있다.

향후 현재의 여성할당제를 비롯한 여성 정치참여의 성과는 더욱 발전시키되, 그 한계를 뛰어 넘을 새로운 담론이 모색되어야 한다. 새로운 여성정치의 형성은 정당과 생활세계를 포함한 각종 정치 현장에서 여성들의 정치적 실천을 통하여 체현될 것이다.

30%이상 여성할당제가 어느 순간에 30% 최고점이 되어 버리고 또 다른 유리천정이 되고 있다. 이는 공정하지도 평등하지도 않다. 시민의 얼굴을 한 정치, 사회, 경제를 만들기 위해 이미 사회 구성원의 51%를 넘고 있는 여성들의 광범위한 참여를 위한 동수 정치로 빠르게 변화해야 한다. 할당제를 넘어 동수정치 시대로 전환을 추진하자.

참고문헌

1. 국내외 문헌

권김현영, 루인, 김주희 외, 2012, 『성의정치 성의권리』, 자음과 모음

권은정, 2006, 『아름다운 왕따들』, 이매진

김경애, 1998, "북경세계여성회의 행동강령에 비추어 본 우리나라 여성단체 활동", 여성개발원

김경희, 2000, "남녀고용평등과 적극적 조치의 정치: 미국 AT&T사를 중심으로", 이화여자대학교 여성학과 박사학위논문(미간행)

김금숙, 2011, "할당제의 두 얼굴 -민주노총 여성할당제 효과 분석을 중심으로", 성공회대학교 NGO대학원 실천여성학 석사학위 청구논문

김민정, 2011, "여성의 정치적 대표성 제고, 어떻게 실현할 것인가 - 주요정당 여성위원장들이 제시 한 과제를 중심으로"

김민정, 2014, "한국여성의 정치적 대표성 확대를 위한 여성할당제 효과", 『페미니즘 연구』제14권 2호

김민정, 강경희, 김경미 외, 2011, 『여성정치할당제, 보이지 않는 벽에 문을 내다』, 도서출판 인간사랑

김애화, 2009, "새로운 대의제 원칙을 만든 남녀동수 민주주의", 진보정치연구소

김영일,이정진,조주은, 2014, 『여성의 정치적 대표성 제고를 위한 과제』, 정책보고서 제30호, 국회입법조사처

김원정, 2006, "민주노동당의 현실과 과제에 비추어 본 여성운동의 방향"

김원홍, 김민정, 이현출 외, 2003, 『정당의 여성후보공천 확대방안에 관한 연구』,연구보고서 210-14, 한국여성개발원.

김은희, 2010, "공직선거법상 여성정치 할당제 제도화의 효과분석: 2010년 동시 지방선거 결과를 중심으로", 『이화젠더법학』제1권 제2호, 이화여자대학교 젠더법학연구소

김현희, 오유석, 2010, "여성정치할당 10년의 성과와 한계", 『동향과 전망 』

79호
남철호, 2000, "차티스트와 차티스트 지도력 - 그 유형과 사례를 중심으로",『啓明史學』第11輯, 85-118, 계명사학회,
문경희, 2007, "쟁점과 동향, 여성과 정치 그리고 할당제 - 국제적 동향과 쟁점",『페미니즘 연구』봄/ 7권 1호
민주노동당, 2000.1.29,『창당 대의원대회 자료집』
민주노동당, 2004,『민주노동당 2기 여성정치학교 자료집』
민주노동당, 2005,『민주노동당 3기 여성정치학교 자료집』
민주노동당, 2006,『지방선거 후보자 교육수련회 자료집』
민주노동당, 2006,『2006 지방선거 여성후보학교 자료집』
민주노동당, 2006,『2006 지방선거 종합평가서』
민주노동당, 2006, 여성정책포럼 준비모임 2차 포럼 결과보고서『여성할당제, 할 말 있다』
민주노동당, 2007,『이론과 실천』, 70~75호
민주노동당, 2007,『민주노동당 진보여성 정치아카데미 자료집』
민주노동당, 2007,『집권전략위원회 보고서』
민주노동당, 2007,『2007 민주노동당 여성위원회 정책연수 보고서』
민주노동당, 2007,『2007 민주노동당 여성사업 활동가 연수 자료집』
민주노동당, 2008,『진보여성정치아카데미 자료집』
벨훅스, 2000,『페미니즘 주변에서 중심으로』, 윤은진 옮김, 모티브 북
손봉숙,박의경, 2000,『한국 민주주의와 여성정치』, 도서출판 풀빛
송규범, 2000, "차티즘운동",『인문과학연구』제9권 제2호 63-108, 서원대학교
신상숙, 2010, "'루트거스 광장'을 넘어서 -3.8 세계여성의 날의 복합적 기원과 한국의 수용 맥락",『페미니즘 연구』제10권 1호
심지연, 2004,『현대 정당정치의 이해』, 백산서당
안숙영, 2014, "민주화 이후 민주주의와 여성주의의 개입, 가능성과 딜레마: 여성의 정치적 대표성 확대를 중심으로"
엄혜진, 2009, "운동사회 성폭력 의제화의 의의와 쟁점 - '100인위' 운동

의 수용과 현재적 착종", 『페미니즘 연구』 제9권 1호 : 31-78
여성정치세력민주연대, 2008, 『유럽 여성정치 현장을 가다』
원숙연, 2010, "성 주류화 기반으로서 공공정책 영역의 현실", 『국가와 젠더』, 이화여자대학교 한국여성연구원 기획, 이재경 엮음
유정미, 2012, "적극적고용개선조치(AA제도) 정책형성과정에 나타난 성평등 가치의 희석", 한국연구재단
이재경, 윤택림, 이나영 외, 2012, 『여성주의 역사쓰기 - 구술사 연구방법』, 도서출판 아르케
이해진, 2014, "여성에서 인간으로, 주체를 향한 열망: 임윤지당과 울스턴크래프트 비교 연구"『한국여성학』 제 30권2호
임지봉, 2012, "유신헌법과 한국 민주주의 184-186", 『공법학연구』 제13권 제1호
정미애, 문경희, 2010, "여성정치할당제의 대안과 전망", 『동향과 전망』 79호
정영태, 2011, 『파벌 - 민주노동당 정파 갈등의 기원과 종말』, 이매진
정현백, 정진주, 김미경, 2000, 『노동조합 내 의사결정기구의 여성참여 확대방안』, 민주노총
조앤 W 스콧, 2009, 『성적차이, 민주주의에 도전하다』, 인간사랑
조현연, 2009, 『한국진보정당운동사 진보당에서 민주노동당 분당까지』, 후마니스타스(주)
조현옥,김은희, 2010, "한국여성정치할당제 제도와 과정 10년의 역사적 고찰", 『동향과 전망』 79호
최기영, 2009, 『나의 사랑 민주노동당 - 민주노동당 10년의 기록』
한국여성개발원, 1998, "선거구조 개혁과 여성대표성 확대 방안"
허라금, 2010a, "여성주의 평등 개념을 통해 본 성 주류화", 『국가와 젠더』, 이화여자대학교 한국여성연구원 기획, 이재경 엮음
허라금, 2010b, "젠더 전환적 전략을 위한 '적극적 조치'의 재개념화", 『한국여성학』 제26권 2호
허라금, 2011, "아시아 개도국 공예산업화와 여성 임파워먼트", 『한국여

성철학』제 15권
홍세화, 권영길, 단병호 외, 2004,『진보가 보수에게 - 민주노동당의 희망과 약속』, 이매진

2. 신문기사 및 기타 자료

김민정, 2013.4.6, "여성할당제? 남녀동수제가 정답이다", 〈프레시안〉
민주노동당, 1999.8.29, "창당 발기인 대회 녹취록"
민주노동당, 2000.1.29, "창당 대의원대회 속기록"
민주노동당, 2000.1.30, "창당 대회 녹취록"
민주노동당 기관지, 1999.6.21, 〈진보정치〉 창간준비-3호
민주노동당 기관지, 2000.6.16, 〈진보정치〉 11호
민주노동당 기관지, 2003.9.8, 〈진보정치〉 147 호
민주노동당 기관지, 2005.6.28, "2006 지방선거에 지역구 출마자 여성할당 실현될까?", 〈진보정치〉 230호
민주노동당 기관지, 2005.7.10, "지방선거 지역구 여성할당 20% 결정, 지역위는 고민중", 〈진보정치〉 232호
민주노동당 기관지, 2005.7.18, "여성 장애인 이청자 아줌마의 '벽' ", 〈진보정치〉 233호
민주노동당 기관지, 2005.11.8, "여성 정치의 가능성을 찾다", 〈진보정치〉 248호
민주노동당 기관지, 2007, "지역에선, 여성 후보 발굴 어렵다 … '초난감", 〈진보정치〉
민주노동당 기관지, 2009.9, "개콘 남.보.원 강달프와 민주노동당 여성할당제", 〈진보정치〉 440호
민주노동당 여성위원회, 2007.3.7, "심상정 의원의 대통령 선거 경선 후보 출마 선언을 환영한다"
민주노동당 여성위원회, 2009.9, "민주노동당 2010 지방선거 지역구 여성할당 적용방안 중앙위원회 대책방안"
민중의소리, 2005.7.7, "박인숙 최고위원과 인터뷰", 〈민중의소리〉

민중의소리, 2008.3.26, "민주노동당, '여성추천 보조금' 17억원 받게 돼", 〈민중의소리〉

박인숙, 2009, "개콘 남.보.원 강달프와 민주노동당 여성할당제" 민주노동당 기관지 〈진보정치〉 440호

박인숙, 2009.9.18, "뜨거운 감자 '지역구 여성할당제' 여성당원들의 궐기가 필요한가?", 〈박인숙 네이버 블로그〉

별밤, 2008.3.5, 〈별밤 블로그〉

세계일보, 2014.12.20, "통합진보당 헌정사상 첫 해산 기록, 5명 의원직 박탈에 보궐선거는 내년 4월", 〈세계일보〉

심상정, 2005.9.23, "의정일기", 〈여성신문〉

오장미경, 2001.6, "여성과 민주노동당", 민주노동당 중앙 연수원

여성정치세력민주연대, 2007.6.20. "성명서 민주노동당 선출직 여성할당을 환영한다! 〈총선 지역구 후보 여성 30% 할당 확정〉"

이근원, 2012.5.27, "아빠의 현대사 - 부끄러운 고백 여성할당제", 〈레디앙〉

이종희, 2019. 5. 3, "우리나라의 여성할당제" 〈입법전문지 더리더〉

인터넷 강원일보, 2008.4.9, "여성'을 키워드로 본 18대 총선 2% 부족 '아쉬움", 〈강원일보〉

인터넷 중앙일보, 2004.4.27, "올해는 여성정치 원년 黨 초월해 정책 협력", 〈중앙일보〉

인터넷 세계일보, 2006.5.12, "돈가뭄 정치권 여성정치보조금 단비…뜻밖 수입", 〈세계일보〉

인터넷 여성신문, 2002.11.22, "대선후보 여성정책 TV토론(2), 권영길, 선진적 공약 반드시 지키겠다", 〈여성신문〉

중앙선거관리위원회 역대선거정보시스템

정의당여성위원회, 2014, "여성의원이 간다, 결과보고서"

인터넷 참세상, 1999.8.29, "가칭)민주노동당 창당준비위원회가 지난 29일 발족, 진보정당 창당이 성큼 다가왔다", 〈참세상〉

최현숙, 2002.7.12, 기고 "여성 정치참여의 벽들", 〈경향신문〉

한국여성단체연합, 2007.6.21, "민주노동당 선출직 여성할당 30% 실현방안 통과 환영 논평"

홍승하, 2001a.3.10, "여성할당제 실시 1년을 되돌아본다", 〈매일노동뉴스〉

홍승하, 2001b "민주노동당 여성할당제 1년 평가", 민주노총 여성국 부서자료실

홍승하, 2005.9.8, "홍승하의 고군분투 종횡기 ② 나를 대중정치인으로 만든 여성주의 ① ", 〈매일노동뉴스〉

홍승하, 2006.1.12, "[지키지 못한 약속 하나] 민주노동당이 지켜야 할 약속 하나",『삶이보이는창』, 디지털노동문화복지센터

부록

■ 논문 면접 대상자 명단

면접 대상자 I

구분	이름	주요 직책
사례1	김원정	(전) 민주노동당 여성 정책 연구원
사례2	김은희	(전) 여성정치세력화민주연대 대표
사례3	김진선	(전) 민주노총 여성국장
사례4	심상정	17대·19대·20대 국회의원, (전)민주노동당 비상대책위원장
사례5	심재옥	(전) 서울시 시의원, 민주노동당 최고위원
사례6	이선희	(전) 민주노동당 초대 여성위원장, 성평등교육기획단장
사례7	이영순	(전) 울산 동구청장, 17대 국회의원, 민주노동당 최고위원
사례8	최순영	(전) 부천시의원, 17대 국회의원, 민주노동당 최고위원
사례9	현애자	(전) 전국여성농민회총연맹 제주 정치위원장, 17대 국회의원
사례10	홍승하	(전) 민주노동당 여성국장, 최고위원

면접 대상자 II

구분	이름	주요 직책
사례11	권영길	(전) 민주노동당 초대 당대표, 17대·18대 국회의원
사례12	김용신	(전) 민주노동당 중앙당 사무부총장
사례13	노회찬	(전) 민주노동당 사무총장·부대표, 17대·19대 국회의원
사례14	신언직	(전) 민주노총 정치국장, 조직실장
사례15	이근원	(전) 공공연맹 정치국장, 민주노총 정치위원장
사례16	임진수	(전) 민주노동당 대외협력실장
사례17	정성희	(전) 민주노동당 혁신비상대책위원회 집행위원장, 기관지위원장

여성 - 여성이 해방된 진정한 인간 해방의 세상을 위하여

여성은 인류의 절반이며 당당한 사회적 주체이다. 그러나 지금까지의 인류 역사 속에서 여성의 위치는 늘 종속적이었다. 성에 기초한 가부장적 억압은 사회의 구석구석에서 여성에 대한 차별을 공고히 해왔고, 오늘날 자본주의 사회에서 이러한 억압은 더욱 첨예해지고 있다. 이제 우리는 여성 억압이 인류역사상 가장 오래된 억압이자 복합적인 사회 구조임을 직시하고, 억압받는 여성 대중들과 함께 세상을 바꿀 것이다. 여성 억압은 여성들만의 문제가 아니며, 남녀 모두가 스스로 실천하고 투쟁해야 할 시대적 과제이다. 이에 민주노동당은 여성이 해방된 사회, 그리하여 진정한 인간 해방의 세상을 만들기 위해 어떠한 타협도 없이 함께 투쟁해 갈 것을 천명한다.

우리 사회에서 자행되고 있는 여성에 대한 성적·인격적 예속은 불평등한 성별관계에서 비롯되는 폭력이다. 또 가부장적 가족 구조와 결혼 제도는 가정폭력과 아동학대를 야기하고 여성에게 일방적으로 희생을 강요하는 성억압의 실질적 기초이다. 여성은 남성 가장에게 종속되어 있으며, 억압적이고 획일적인 모성애를 강요받고 있다. 여성은 항상 노동해 왔지만 그 노동은 언제나 평가절하 당해 왔다. 성차별적으로 구조화된 노동시장에서 여성은 언제나 주변적 노동으로 밀려날 수밖에 없었으며, 경제위기 때마다 가장 먼저 고통받아왔다. 출산과 양육을 비롯한 가사노동은 여전히 하찮은 것으로 평가되고 있다. 여성은 공식적인 경제 영역에서 온갖 성차별을 받는 것은 물론 가사노동마저 전담함으로써 이중적인 착취에 시달리고 있는 것이다. 이러한 제반 사회경제적 조건은 여성의 정치참여를 가로막는 실질적 장애물이다. 이로 인해 한국 사회에서 여성은 사회·문화적 분야에서조차 소수이자 비주류이다. 중립적으로 보이는 학문과 언론 및 대중매체에서도 여성은 수적으로 내용적으로 배제되어 있다.

민주노동당은 당 내부의 모든 성차별을 일소함은 물론, 전 사회에 만연해 있는 여성억압을 종식시키고 모두가 평등하고 해방된 사회를 만들어 나가기 위해 다음과 같은 목표를 추진한다.

첫째, 여성의 성을 억압하고 소외시키며 상품화하는 모든 가부장적·자본주의적 제도와 가치체계에 맞서 싸운다. 성폭력과 성매매를 근절하고 모든 종류의 성적 착취와 폭력을 방지하기 위한 정책을 실행한다. 임신, 출산, 낙태 등에서 여성이 성과 육체에 대한 자기결정권을 가질 수 있도록 하는 근본적인 사회 변화를 추구한다.

둘째, 평등한 가정을 만들기 위해 노력하는 동시에, 장기적으로는 자유롭고 상호보완적인 새로운 가족 공동체를 모색한다. 또한 한부모 가정 및 독신가정에 대한 제도적 차별을 철폐하고, 핵가족 형태를 절대적 기준으로 삼고 있는 법과 제도를 변화시킨다. 우리는 여성이 독립적인 주체로 살아갈 수 있는 사회, 그리고 다양한 가족 형태가 공존할 수 있는 사회를 추구한다.

셋째, 가부장적 성별 분업을 폐지함으로써 가사노동에 대한 사회적 평가를 쟁취하고, 공적 노동에서 모든 성차별을 철폐한다. 출산과 육아를 비롯한 가사노동을 전면적으로 사회화하여 사회 구성원 모두가 공동으로 책임지도록 하는 대안을 마련한다. 남성 가장만을 생계부양자로 인식함으로써 여성의 평생평등노동권을 박탈해왔던 잘못된 관행을 시급히 바로잡고, 노동의 대가가 각자에게 귀속되며 아동 및 노약자에 대해서는 사회가 공동 책임을 지는 경제 체제를 건설한다.

넷째, 시혜가 아닌 사회적 연대성의 관점에 입각하여, 소외되고 배제된 여성들의 인권을 보장한다. 우리 사회에는 빈민여성, 매춘여성, 장애여성, 노령여성, 탈북여성, 외국인 여성노동자, 여성 동성애자 등 다양한 조건에서 억압받고 있는 여성들이 존재한다. 민주노동당은 모든 여성들이 사회의 온전한 구성원으로서 인간다운 삶을 살 수 있도록 하는 정책 실행에 앞장선다.

다섯째, 여성의 정치참여를 가로막는 사회적 조건 자체를 변화시킨다. 할당제를 비롯한 다양하고 적극적인 조치를 도입하고, 고립되어 있던 여성이 자신의 문제를 스스로 대변하고 해결할 수 있도록 여성의 정치세력화를 추진한다. 우리는 여성억압에 대한 다양한 투쟁들을 더욱 폭넓게 조직하여 정치세력화 한다.

여섯째, 모든 사회·문화적 여성억압을 철폐한다. 남성중심적인 법·제도와 규범을 변화시키고 생활과 문화의 모든 차원에서 여성의 목소리를 복원한다. 모든 교육과정에서 성차별적인 내용을 삭제하여 성평등이 구현되는 사회를 만든다. 또한 학문, 언론, 과학기술, 정보통신, 대중문화, 언어를 비롯한 다양한 영역에서 여성억압을 종식시키려는 모든 투쟁에 함께 한다. 나아가 우리는 진보적인 여성운동세력, 그리고 아시아를 비롯한 전 세계의 억압받는 여성들과 연대할 것이다.

창 당 선 언 문

우리는 오늘 민주, 평등, 해방의 새 세상을 향한 민중의 열망을 담아 민주노동당 창당을 선언한다.

민주노동당의 창당 정신에는 지난 한 세기동안 이어져 온 한국 민중의 민족해방, 민주주의, 평화 통일, 평등 사회를 향한 투쟁의 역사가 깊이 새겨있다.

민주노동당은 노동자·농민·빈민·중소상공인의 정당이며, 여성·청년·학생·진보적 지식인의 정당이다. 우리 당의 주인은 바로 땀흘려 일하는 모든 사람들, 사회적 불평등과 차별, 억압으로 고통받는 사람들이다.

지난 세기는 민중이 배제된 소수 특권층의 정치, 시장의 횡포에 의한 소수의 풍요와 다수의 빈곤으로 막을 내렸다. 민주노동당이 만들어나갈 새천년은 민중 주체의 정치와 민주적 경제체제를 통하여 인간적 가치를 실현하고 미래에 대한 희망을 가질 수 있는 세상이다.

민중에게 희망을 주는 새로운 정치세력의 출현은 시대적인 요청이다. 민주노동당은 2000년을 부패와 지역주의로 얼룩진 후진적 정치 청산의 원년으로 만들고자 한다. 민중 주체의 민주정부를 수립하고 형식적 민주주의를 넘어 참여와 자율에 의한 실질적 민주주의로 나아가고자 한다.

노동자와 민중이 주체가 되고 사회의 부가 소수에게 장악되지 않는 평등사회, 개인의 창조성과 성과를 존중하면서 제도화된 인간과 인간의 차별을 극복하는 평등사회는 우리의 흔들리지 않는 목표이다.

민주노동당은 국제 투기자본의 공격과 미국의 군사 패권주의에 반대하고 호혜와 평등, 자주성에 기초한 국가 관계를 만들어나갈 것이다. 또한 자주적이고 민주적인 통일 조국의 건설을 통해 남북한 사회의 진보를 이루어내는 데 전력을 다할 것이다.

민주노동당 창당은 환경과 인간이 공존하고, 여성과 남성이 평등한 지위를 누리며 결식 아동·노인·장애인 등 모든 사회적 약자가 동등한 권리를 갖는 새 시대를 알리는 우렁찬 북소리이다.

우리 민주노동당은 한국 사회의 다양한 진보 세력과 민주주의를 열망하는 개인의 총화를 이루어 내는 데 혼신의 노력을 기울일 것이다, 또한 민중의 희생을 강요하는 신자유주의와 군사적 위협, 인권 침해에 반대하는 세계의 모든 진보 세력과 굳건한 연대를 맺을 것이다.

우리는 이제 새 시대, 새 세상을 여는 힘찬 발걸음을 시작한다. 이미 보수정치의 벽은 변화를 향한 민중의 열망 앞에 균열을 보이고 있다. 민주노동당과 함께 부패와 억압, 차별을 낳는 보수정치를 무너뜨리는 거대한 물결이 되어 나아가자.

2000. 1. 30

민주노동당

창 당 경 과 보 고

〈1997년〉

민주노총은 3월 24일 대의원 대회를 개최하여 노동자의 정치세력화를 위해 '98년 지자제 선거 대거 진출 → 98-99년 정당 건설 → 2000년 국회 원내 진출'이라는 전망을 제출하고, 이어 7월 24일 개최된 임시 대의원 대회에서는 '민주노총은 민주적이고 개혁적인 후보를 만들어 내기 위해 제 민주세력과 연대하여 공동선거대책기구 구성에 적극 나선다.' 라고 결의하였다. 9월 7일에는 권영길 민주노총위원장을 15대 대통령선거 후보로 추대하였으며, 10월 26일 민주노총, 전국연합, 진보연합, 정치연대, 등 민주진보진영 결집하여 '민주와 진보를 위한 국민승리21'을 결성하여 12월 18일 제15대 대통령 선거에 적극 참여하였다.

〈1998년〉

국민승리21은 2월 21일 2차 중앙위원회를 개최하여 선거대책본부 체계에서 정치조직으로 전환하였다. 민주노총은 5월 20일 대의원 대회를 개최하여 '국민승리21을 확대 재편하여 노동자 중심의 진보정당 건설을 위해 적극 지원 연대한다.'라고 정치방침을 결정하였다. 그리고 6월 4일 있었던 제3회 지방선거에 적극 참여하여 민주노총⊠국민승리21 추천후보 51명 중 22명을 당선시켜 진보정당운동의 가능성을 열었다.

<1999년>

▶ 국민승리21 지역대표자연석회의(1월 18일)

진보정당 창당을 위해 각계 각층이 널리 참여하는 원탁회의를 제안하였다.

▶ 1차 원탁회의 (1월 25일)

세종문화회관 대회의실에서 각계 인사 331명이 참가하여 진보정당창당에 관해 각계각층과 국민에게 드리는 제안문 채택하였다.

▶ 전국빈민연합(준) 대표자회의(2월 8일)

진보정당창당추진기구 참여를 결정하였다.

▶ 민주노총 중앙집행위원회(3월 9일)

진보정당 건설을 위한 추진기구 구성과 제2차 원탁회의 참여를 결의하고, 아울러 제1차 원탁회의에 참가하지 않는 제 시민사회단체를 결집해 나가기로 결의하였다.

▶ 2차 원탁회의 (3월 14일)

1차에 이어 확대된 560여명의 각계인사가 참여하여 토론을 통하여 '진보정당 창당추진위원회 준비위원회'를 구성하기로 하고 시민사회단체 대표, 학계 및 민주진보 운동의 역사를 대표할수 있는 인사 총 16명으로 준비위원을 선임하였다.

▶ 진보정당창당추진위원회 결성(4월 18일)

진보정당창당추진위원회의 규약을 심의 의결하고, 권영길국민승리21대표, 양연수전빈련의장, 이갑용민주노총위원장을 공동대표로 추대하였으며, 노동자가 앞장서는 민중중심의 진보정당을 건설하기 위한 결의를 하였다.

▶ 제2차 진보정당창당 추진위원대회(6월 13일)

김진균 사회진보연대 공동대표를 공동대표로 추가로 추대하고 천영세민주노총지도위원을 집행위원장으로 선출하였으며, 가재웅 외 62명을 운영위원으로 선출하였다. 그리고 7월말까지 1만명의 발기인을 모아서 창당발기인대회를 개최할 것을 결의하였다.

▶ 민주노동당창당준비위원회 결성 (8월 29일)

1762명의 발기인이 모여 당명을 (가칭)민주노동당으로 확정하고 상임대표에 권영길 공동대표에 단병호 양연수를 사무총장에 천영세를 선출하고 창당에 박차를 가할 것을 결의하였다.

▶ 창당준비위원회 활동 경과

10월 8일 1차 중앙위원회를 개최한 이후 7차례 중앙위원회와 24차례의 상임집행위원회를 개최하였다. 5차 중앙위원회에서 창당대회 날짜를 확정하였으며, 10월 28일 울산 동구청장 보궐선거에서 이영순후보가 민주노동당후보로 당선되어 창당열기를 한층 높였으며, 조직적으로는 31개 지부에 26개 지구당이 건설되어 오늘 창당을 맞게 되었다.

■ 당규 제11호 성차별·성폭력·가정폭력 방지와 처리에 관한 규정

2001.1.8 7차 중앙위원회 제정

2006.7.8 4차 중앙위원회 개정

제1조 (목적)

본 규정은 당 강령의 정신에 따라 당내 성차별·성폭력·가정폭력을 근절하기 위한 예방과 조치를 목적으로 한다.

제2조(정의) (2006.7.8 4차 중앙위원회 개정)

본 규정에서 사용하는 용어의 정의는 다음과 같다.

① 성차별이라 함은 정치, 경제, 사회, 문화적 생활의 모든 영역에서 합리적인 이유 없이 성별과 성정체성을 이유로 행하여지는 모든 구별·배제 또는 제한을 말하며, 성중립적이거나 성별과 성정체성에 관계없는 표현으로 제시되었다고 하더라도 그 조건을 충족시킬 수 있는 한 성이 다른 성에 비하여 현저히 적고 그로 인하여 특정성에게 불리한 결과를 초래하며 그 조건이 정당한 것임을 입증할 수 없는 때에도 이를 성차별로 본다.

또한 물리적이고 언어적인 폭력이나 그 외의 분쟁 상황 안에서도 그것이 성이나 성정체성의 차이를 바탕으로 발생한 경우에는 성차별로 본다.

② 성폭력이라 함은 범죄 행위의 구성 여부와 관계없이 개인의 성적 자율권과 성정체성을 침해하는 모든 언어적, 정신적, 물리적, 환

경적 폭력을 의미한다. 또한 개인의 성정체성을 본인이 원하지 않는 대상에게 폭로(아웃팅)하는 행위나 성정체성에 대한 혐오를 표현하는 행위 역시 성폭력으로 보며, 위의 개념과 행위는 동성 간 성폭력에 대하여도 동일하게 적용된다.

③ 가정폭력이라 함은 가정구성원사이의 신체적, 언어적, 정신적 또는 재산상 피해를 수반하는 행위를 말한다. 동거중인 성소수자 동반자 간의 폭력행위도 가정폭력으로 규정한다.

④ 대리인이라 함은 피해자가 그의 권리를 대리하도록 선임한 자연인을 말한다.

⑤ 2차 가해라 함은 성차별, 성폭력, 가정폭력 행위자 또는 그에 동조하는 자가 정신적인 협박이나 물리적인 강압, 집단적인 따돌림, 업무적인 괴롭힘, 피해자 신변 공개, 사건과 관련 없는 피해자의 과거경력이나 행동 성격 등을 문제 삼는 행위 등의 수단으로 피해자에게 상당한 피해를 주는 행위를 말하며, 이 규정에 따라 처리한다.

제3조 (적용범위)

본 규정은 민주노동당원들에게 적용되며 피해자나 피제소자 어느 한 쪽만이 당원인 경우도 본 규정이 적용된다.

제4조 (피해자 보호 및 비밀유지의 의무) (2006.7.8 4차 중앙위원회 개정)

① 본 규정의 사건을 처리하는 자나 이에 관여하는 자는 피해자와 그 대리인의 보호를 최우선으로 고려해야 하며 피해자 또는 대리

인의 동의 없이 그들의 신원이 노출될 우려가 있는 제반 자료를 공개하거나 타인에게 누설하여서는 안 된다.

② 피해자는 사건의 조사 및 처리과정에서 다음과 같은 권리를 갖는다.

1. 대리인을 동반하거나 선임할 권리
2. 본인이 답변을 원하지 않는 질문에 대하여 답변을 거부할 권리
3. 특정인의 관여를 요청하거나 거부할 권리
4. 사건해결과정 일체를 알고 있을 권리

③ 본 규정의 사건을 처리하는 과정이나 처리된 이후 피해자 및 그 대리인에게 이로 인한 부당한 피해가 발생할 경우 그 사건 역시 이 규정에 의해 규제 받는다.

④ 본 규정의 사건을 처리하는 자는 피해자 보호를 위해 필요한 기타의 조치를 취할 수 있다.

⑤ 당은 피해자의 요청이 있는 경우 상담, 치료, 쉼터이용 등에 필요한 비용의 전부 또는 일부를 우선 지원하고 이후 가해자에게 구상권을 행사할 수 있다.

제5조 (제소) 제소 절차는 당규 제6호 당기위원회 규정에 따른다. (2006.7.8 4차 중앙위원회 개정)

제6조 (적용시한) (2006.7.8 4차 중앙위원회 개정)

제소 시한은 따로 두지 않는다.

제7조 (성차별·성폭력·가정폭력 조사위원회의 설치 및 구성) 성차별·성폭력·가정폭력 사안의 처리에 관한 사항을 조사, 처리하기 위하여 중앙 및 광역당기위원회 내에 성차별, 성폭력, 가정폭력 조사위원회(이하 성차별조사위)를 둔다. (2006.7.8 4차 중앙위원회 개정)

① 구성

1. 성차별조사위는 당기위원 3인으로 구성한다.

2. 성차별조사위 조사위원장과 위원은 해당 당기위원회 위원장이 임명하되, 과반수 는 반드시 여성으로 한다.

② 역할

1. 성차별조사위는 제소 된 사건에 대한 조사, 상담을 수행하고 조사결과 및 사건 처리에 대한 의견을 당기위원회에 제출한다.

2. 성차별조사위는 제소 된 사건의 조사 과정에서 관련 전문가의 의견을 청취하여야 하며 성소수자가 피해자인 사건의 경우 당 성소수자위원회가 추천하는 전문가이어야 한다.

3. 성차별조사위 위원은 연 1회 이상 성차별·성폭력·가정폭력에 관한 전문교육을 이수해야 한다.

③ 성차별조사위는 사건의 조사, 처리 과정에서 해당 사건의 피해자의 요구를 최대한 수용해야 하며, 피해자에게 사건의 조사, 처리 과정을 통보해야 한다.

④ 기타 사건 처리 기간 등에 대하여는 당규 제6호 당기위원회 규정에 따른다.

제8조 (가해자 처리에 관한 규정) (2006.7.8 4차 중앙위원회 개정)

① 당기위원회는 성차별조사위의 조사결과에 따라 다음과 같이 징계한다.

1. 가해자 교육 등 성평등에 대한 재교육 프로그램 이수
2. 여성의 인권과 권익을 향상시키기 위한 봉사활동
3. 가해자의 피해자와의 공간분리 및 접근금지
4. 피해자의 치료, 상담, 쉼터이용 등에 소요되는 비용의 지급
5. 당규 제7호 제3조 징계의 종류
6. 기타

② 당기위원회는 가해자가 피해자나 그 대리인에게 보복을 가할 경우나 재범일 경우는 가중하여 징계한다.

제9조 (공동해결)

피해자나 가해자 중 어느 한 쪽이 당원이 아닌 경우 공동해결의 원칙에 따라 다음과 같이 해결한다.

① 당사자 중 어느 한 쪽만이 당원인 경우, 당사자의 소속집단과 함께 협의하여 사건 해결을 한다.

② 가해자가 당원이 아닌 경우, 당기위원회는 가해자의 소속 집단에 본 규정 제8조에 근거하여 가해자에 대한 징계를 요청할 수 있다.

제10조 (예방교육 및 징계이행 점검) (2006.7.8 4차 중앙위원회 개정)

① 광역시도당의 위원장은 해당 광역시도 여성위원회와 협의하여 연 1회 이상 당해 지역 소속의 당원을 대상으로 성차별·성폭력·가정폭력 예방교육을 포함한 성평등 교육을 실시해야 한다.

② 중앙당 및 광역시도당의 사무총장(또는 사무처장)은 연 1회 이상 사무처 성원을 대상으로 성차별·성폭력·가정폭력 예방교육을 포함한 성평등 교육을 실시해야 한다.

③ 성평등교육은 전문가 강의 등의 방법으로 2시간 이상 실시하여야 하며, 다음 각 호의 내용이 포함되어야 한다.

1. 성차별·성폭력·가정폭력 관련 법령 및 당규 해설
2. 사건 발생시의 처리절차 및 조치기준
3. 피해자에 대한 고충상담 및 구제절차
4. 가해자에 대한 징계 등 제재조치
5. 성소수자의 인권 보호와 성정체성에 의한 차별과 폭력의 금지 등 성소수자에 대한 교육
6. 기타 성평등 문화 조성을 위한 방안 등

④ 중앙당 및 광역시도당의 사무총장(또는 사무처장)은 성차별·성폭력·가정폭력 사건의 신고 및 처리 절차를 홈페이지 등을 통해 게시하여 모든 당원에게 주지시켜야 한다.

⑤ 1항, 2항에 따른 예방교육을 실시한 경우 중앙당 및 광역시도당의 사무총장(또는 사무처장)은 당해연도 교육일시 및 방법, 교육참석자 명단, 교육내용 등에 관한 실시 결과를 매년 12월말까지 중앙당 여성위원장에게 제출해야 한다.

⑥ 광역시도여성위원장은 필요한 경우 성차별,성폭력,가정폭력 관련 사건에 대한 가해자의 당기위원회 징계이행여부를 조사하고 불이행 사실이 확인되었을 경우 이에 대한 처리 의견을 당기위원회에 제출할 수 있다.

제11조 (당직, 공직자 및 선거 출마자의 의무) (2006.7.8 4차 중앙위원회 개정)

① 당직·공직자 및 선거 출마자는 반드시 성차별·성폭력·가정폭력 예방교육을 포함한 당내에서 실시하는 성평등교육을 연1회 이상 이수해야 한다.

단, 당직 출마자, 부문 할당 당직자는 당원에 의해 선출되는 모든 당직을 말하며, 부득이한 사정으로 출마 시 교육을 이수하지 못했을 경우 6개월 이내에 이수할 것을 내용으로 하는 서약서를 제출하여야 한다. 선거 후 서약기간 안에 교육을 이수한 사항을 당원들에게 공개해야 한다.

② 당직·공직 출마자는 입후보시 선거관리위원회의 요청에 따라 1항에 대한 증빙자료를 제출해야 한다.

부칙 (2006.7.8 4차 중앙위원회 개정)

이 규정은 공포한 날부터 시행한다. 다만, 제11조의 규정은 2007년 1월 1일 이후 시행되는 모든 당직, 공직선거부터 적용한다.

우120-012 서울시 서대문구 충정로2가 190-10 여성평화의집 1층 / 전화 02)313-0873 / 전송 02)313-1639

수 신 각 언론사 담당기자

발 신 한국여성단체연합(담당: 김은경 313-1632/ kek9307@women21.or.kr)

제 목 '민주노동당 선출직 여성할당 30% 실현방안 통과' 환영 논평

날 짜 2007년 6월 21일(목)

민주노동당 선출직 여성할당 30% 실현방안 통과를 환영 한다!

민주노동당 중앙위원회는 지난 6월 16일 '2008년 총선 지역구에 여성을 30% 할당하기 위한 실현방안'을 상정해 이를 통과시켰다. 민주노동당의 지역구 여성 30% 할당에 대한 당규는 이미 2005년 10월에 제정된바 있다. 그러나 이를 현실화시키기 위해 '△2008년 총선에서 광역당부별로 지역구 후보의 20%를 여성후보로 선출 △여성후보 30%를 실현한 광역당부와 해당 당부의 여성후보에 대해 재정지원을 포함한 특별지원 실시 △전국 기준으로 지역구 후보의 30%를 여성후보로 선출하지 못할시, 중앙당이 책임지고 여성후보를 발굴·지원하여 최종적으로 지역구 출마후보의 30%를 여성후보로 선출'하는 구체적인 방안이 마련된 것이다.

여성연합은 '민주노동당 선출직 여성할당 30% 실현방안 중앙위원회 통과'를 환영 한다. 정치사회는 우리사회에서 성적고정관념이 가장 배타적으로 작용해온 곳이다. 실제 16대 국회 전까지 여성 국회의원수가 10여명을 넘지 못하는 등 여성의 정치참여는 세계 최하위 수준이었다. 17대 국회 역시 총 43명의 여성 국회의원 중 비례직을

뺀 선출직은 10명에 불과해, 정치영역에서 여성의 대표성을 구현하기에는 턱없이 부족하다.

참여정부는 공약으로 여성의 대표성 제고를 위해 지역구 30%, 비례대표 50% 할당제를 의무화 하겠다고 밝힌바 있다. 또 현재 국회에는 선출직 30% 여성할당 강제를 내용으로 하는 공직선거법 개정안이 계류 중에 있다. 그러나 정치권과 각 정당은 당리당략에 몰두한 채 국민의 대표로서 수행해야 할 본연의 임무와 책임을 방기하고 있다.

지금이라도 각 정당은 선출직 30% 여성할당을 강제하는 공직선거법 개정을 서둘러야 한다. 또 여성의 정치진출을 확대하기 위한 현실적인 방안을 마련하고, 여성 후보에 대한 지원·발굴·교육에 책임있는 역할을 다 해야 할 것이다.

사단법인 한국여성단체연합

공동대표 남윤인순 박영미 정현백 (직인생략)

민주노동당 선출직 여성할당을 환영한다!

민주노동당은 6월 16일 중앙위원회 결정을 통하여 2008년 총선에서 지역구 후보 선출에 여성을 30% 할당하는 방안을 확정하였다. 그 세부내용은 광역당부별로 지역구 후보의 20%를 여성후보로 선출하도록 하고, 지역구 후보에 여성을 30% 이상 선출한 지역의 경우 해당 광역당부와 여성후보에게 재정지원 등 특별지원을 실시하며, 전국 기준으로 지역구 후보 30%를 여성후보로 선출하지 못할 시에는 중앙당이 책임지고 여성후보를 발굴·지원하여 최종적으로 30% 여성후보로 선출하도록 하는 것이다.

지난 2004년 정치관계법 개정에도 불구하고 총선 당시 각 당은 비례대표 여성할당과는 달리 권고조항인 선출직 30% 여성할당을 거의 이행하지 않았고, 그로 인해 현재 선출직 여성 국회의원은 여전히 10명에 머무르고 실정이다. 이처럼 법으로 강제하지 않으면 지켜지지 않는 현재의 상황에서 정당이 내부적인 의사결정을 통하여 스스로 여성할당을 실천한 결정을 환영하며, 어려움에도 불구하고 금번 결정을 이끌어내는데 지속적으로 노력해 온 여성당원들을 적극적으로 지지한다.

지난 2005년에도 민주노동당은 정당 내에서 처음으로 지방선거 선출직 여성할당 강제를 규정하였고, 이를 적극 실천하여 전체후보자 중 34.9%를 여성후보로 공천한 바 있다. 물론 당 중앙위원회에서 보다 적극적으로 선출직 30% 여성할당을 규정하지 못한 것은 아쉬운 점이나, 금번 결정은 공직선거법 제47조 4항의 지역구 후보자 30% 여성추천 권고규정을 보다 적극적으로 실천하는 것으로, 정당 내에서 처음으로 총선 선출직 여성할당을 강제규정화 하였다는 점에서 매우 의미 있는 결정이라 할 것이다. 또한, 앞으로 총선 지역구 후보 선출과정에서 각 광역당이 보다 적극적인 자세로 여성후보 선출에 노력하여 "중앙당이 책임지고 여성후보를 발굴·지원하여 최종적으로 여성후보 30%를 만들어내는" 일이 필요 없어지기를 기대한다.

현재 국회에는 선출직 30% 여성할당 강제를 내용으로 하는 공직선거법 개정안 등 여러 정치관계법 개정안이 계류 중에 있지만, 국회는 그 의무를 방기한 상태로 각 당이 오로지 대선에만 골몰하고 있다. 민주노동당의 금번 결정을 계기로 여타 정당에도 이 같은 논의가 확산되기를 바라며, 나아가 공직선거법 개정을 통하여 선출직 30% 여성할당을 강제하는 방안이 마련되어야 할 것이다.

2007. 6. 20.

여성정치세력민주연대

공동대표 오유석·김현희

여성정치의 정석

- **할당**을 넘어 **동수정치**로

초판 1쇄 발행 / 2019년 11월 25일

지은이 / 박인숙
펴낸이 / 윤미경
펴낸곳 / 도서출판 다인아트
출판등록 1996년 3월 8일 제87호
인천광역시 중구 개항로14 2F
tel. 032+431+0268 / fax. 032+431+0269
e-mail. dainartbook@naver.com
마케팅 / 이승희
디자인 / 장윤미
인쇄·제본 / 신우인쇄

ISBN 978-89-6750-080-1 (03340)

이 도서의 국립중앙도서관 출판예정도서목록(CIP)은 서지정보유통지원시스템 홈페이지(http://seoji.nl.go.kr)와 국가자료종합목록시스템(http://www.nl.go.kr/kolisnet)에서 이용하실 수 있습니다. (CIP제어번호 : CIP2019046828)